O desenho no exame psicológico da criança e do adolescente

Dados Internacionais de Catalogação na Publicação (CIP)
(Câmara Brasileira do Livro, SP, Brasil)

Vinay, Aubeline
  O desenho no exame psicológico da criança e do adolescente / Aubeline Vinay ; tradução de Rosemary Abílio. – Petrópolis, RJ : Vozes, 2024.

  Título original: Le dessin dans l'examen psychologique de l'enfant et de l'adolescent

  Bibliografia
  ISBN 978-85-326-6639-0

  1. Desenho – Psicologia 2. Exames – Guias de estudo 3. Psicologia I. Abílio, Rosemary. II. Título.

23-180006   CDD-150

Índices para catálogo sistemático:

1. Psicologia   150

Eliane de Freitas Leite – Bibliotecária – CRB 8/8415

Aubeline Vinay

O desenho no exame psicológico da criança e do adolescente

Tradução de Rosemary Abílio

Petrópolis

© Dunod 2020, Malakoff.

Tradução do original em francês intitulado *Le dessin dans l'examen psychologique de l'enfant et de l'adolescent 3ed.*

Direitos de publicação em língua portuguesa – Brasil:
2024, Editora Vozes Ltda.
Rua Frei Luís, 100
25689-900 Petrópolis, RJ
www.vozes.com.br
Brasil

Todos os direitos reservados. Nenhuma parte desta obra poderá ser reproduzida ou transmitida por qualquer forma e/ou quaisquer meios (eletrônico ou mecânico, incluindo fotocópia e gravação) ou arquivada em qualquer sistema ou banco de dados sem permissão escrita da editora.

CONSELHO EDITORIAL

Diretor
Volney J. Berkenbrock

Editores
Aline dos Santos Carneiro
Edrian Josué Pasini
Marilac Loraine Oleniki
Welder Lancieri Marchini

Conselheiros
Elói Dionísio Piva
Francisco Morás
Gilberto Gonçalves Garcia
Ludovico Garmus
Teobaldo Heidemann

Secretário executivo
Leonardo A.R.T. dos Santos

PRODUÇÃO EDITORIAL

Aline L.R. de Barros
Marcelo Telles
Mirela de Oliveira
Otaviano Cunha
Rafael de Oliveira
Samuel Rezende
Vanessa Luz
Verônica M. Guedes

Conselho de projetos editoriais
Isabelle Theodora R.S. Martins
Luísa Ramos M. Lorenzi
Natália França
Priscilla A.F. Alves

Editoração: Natalia Machado
Diagramação: Sheilandre Desenv. Gráfico
Revisão gráfica: Heloisa Brown
Capa: Rafael Machado

ISBN 978-85-326-6639-0 (Brasil)
ISBN 978-2-10-080125-1 (França)

Este livro foi composto e impresso pela Editora Vozes Ltda.

Sumário

Introdução – O traço na evolução do ser humano, 7

I – Desenho livre, 11
   1 O que é desenhar?, 11
   2 O desenho livre como lugar de expressão de traumas em adolescentes migrantes, 33

II – Desenho da figura humana, 37
   1 A figura humana como espelho de si, 37
   2 Os diversos usos do desenho da figura humana, 42
   3 O corpo amputado e o desenho da figura humana, 52

III – Desenho da casa, 61
   1 Valor projetivo da casa, 61
   2 Evolução do desenho da casa, 64
   3 O teste do desenho da casa segundo Royer, 75

IV – Desenho da família, 85
   1 Os diversos testes do desenho da família, 85
   2 O teste do desenho da família segundo Corman (1961), 86
   3 Interpretação segundo o princípio do processo de identificação, 91
   4 O desenho da família e a problemática do acolhimento familiar temporário, 103

V – Desenho da árvore, 109
  1 Árvore: objeto simbólico da construção psíquica, 109
  2 O teste da árvore segundo o método de Stora, 116
  3 O desenho da árvore na abordagem psicopatológica, 123

VI – Outras técnicas que utilizam o desenho, 131
  1 Introdução, 131
  2 Mandalas, 131
  3 Colagem terapêutica, 133
  4 Trabalho criativo, 135

Conclusão – Aportes do desenho no exame psicológico da criança e do adolescente, 139

Referências, 143

Índice das noções, 149

Introdução
O traço na evolução do ser humano

O traço constitui a única mensagem de esperança de uma passagem, de uma existência de si no mundo e em sua história. Os traços são múltiplos; da pegada no solo às linhas deixadas pela pintura ou pela escrita, eles sempre atestam uma vida ativa e/ou um esforço reflexivo. Cada traço deixado pelo ser humano é envolvente, pois demonstra a capacidade de movimentação, as possibilidades gestuais e de elaboração por parte de seu autor. Por meio de seus traços, o ser humano fornece ao olhar do outro uma parte de sua identidade pessoal, uma parte do que ele é e do que pode mostrar. Em outras palavras, o traço participa da tomada de contato com o outro, com seu olhar e, portanto, do relacionamento e da comunicação. Deixar traços de si é ser capaz de entrar numa lógica de linguagem.

Os traços vão adquirindo sentido à medida que o sujeito se desenvolve; adquirem sentido em razão não somente de seu caráter duradouro e mesmo permanente, mas também pelo retorno que ocorre quando são observados por outrem. Ao manipular canetas hidrográficas, lápis ou giz, a criança pequena compreende que as pessoas próximas reagem às marcas que deita no papel. Inicialmente marcas e depois, pouco a pouco, traçados: a criança vai sentir prazer em receber a atenção do outro por seus traços, suas obras, suas criações gráficas. Ela mesma, num movimento de reprodução da atitude adulta, vai obter satisfação em transpor algo de si para o papel; então o traçado se torna igualmente fonte de satisfação consigo e de onipotência sobre a matéria, por transformar e "domar" o suporte que ela pode dobrar, furar, gravar, impregnar. O traço pode ser compreendido também como uma lembrança sensorial que se enraíza no corpo infantil (Anzieu, 2010).

Assim como as motivações da criança para deixar traços de si mesma vão informar-nos sobre sua personalidade, também o traço, enquanto objeto, torna-se indicador de uma realidade própria da criança. Ela vai pouco a pouco utilizar suas capacidades pictóricas para atender a uma necessidade de reconhecimento – necessidade que pode perdurar na adolescência e na idade adulta e transformar-se numa real assinatura de si para existir. Os traços permanecem e mostram o que não existe mais.

Então, indo além das marcas e do traçado, as linhas tornam-se desenho. Inserem-se nas atividades de prazer da criança, que ela leva muito a sério, na medida em que, toda vez, é algo dela e de seu mundo de percepções que o desenho transmite.

O desenho, entre outros meios, é definido como uma projeção de sua própria existência e da dos outros, ou ainda como a percepção que a criança tem de si e dos outros. Se a vemos expressar-se mais pelo desenho, é quase sempre em razão das capacidades de que dispõe. De fato, a criança traduz melhor o que sente por meio da imagem do que pela escrita, pelo canto ou outras técnicas expressivas que ela ainda não domina e que requerem aprendizagem. Na adolescência, junto a um declínio perceptível do desenho, o jovem encontra outros meios para atender com traços sua necessidade de existência, desenvolvendo a escrita poética, a expressão artística ou ainda o desempenho na atividade física e esportiva. Pelo desenho temos uma possibilidade de acesso ao mundo íntimo da criança e do adolescente, carregado de afetos e revelador de sua personalidade.

> Para o clínico, falar do traço, escrito e/ou desenhado, é apreendê-lo também como suporte de projeção, de mediação terapêutica e de transferência, em sua dimensão simultaneamente expressiva, de diálogo e simbólica (Marcilhacy, 2011, p. 1).

O desenho, seja ele livre, espontâneo ou orientado para uma temática singular por meio de instruções, é uma ferramenta utilizada com crianças já por volta dos 3 anos de idade, em qualquer que seja a problemática investigada – precocidade intelectual, autismo infantil, dificuldade relacional etc. (Emmanuelli & Suarez-Labat, 2010). Assim, o desenho no exame psicológico da criança e do adolescente revela-se uma ferramenta essencial para a compreensão fina do sujeito.

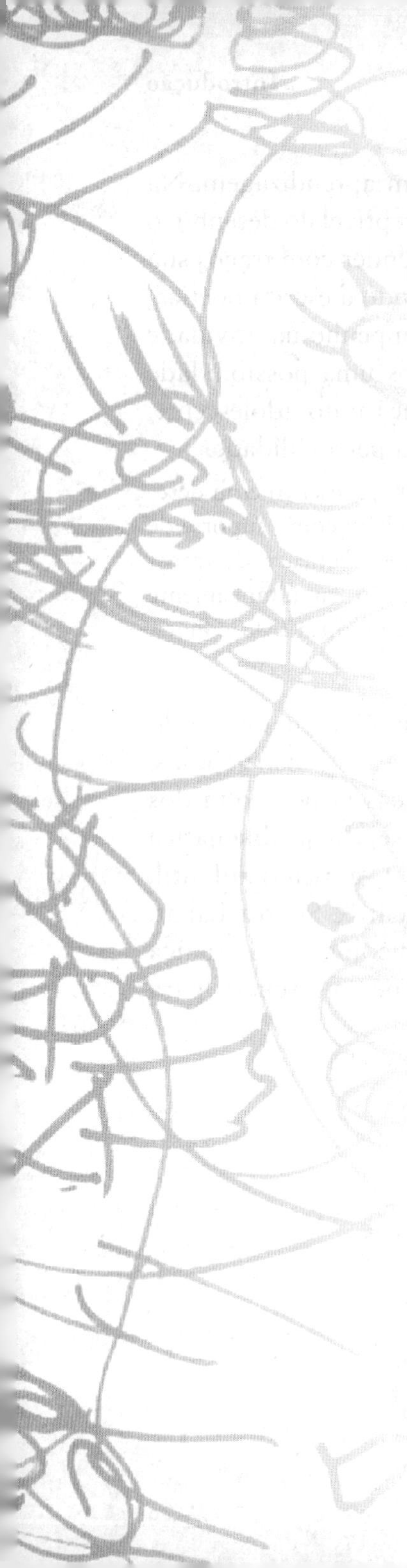

I

Desenho livre

1 O que é desenhar?

Para alguns, desenhar é principalmente uma atividade motora. Trata-se então de uma expressão gráfica das capacidades de representação mental da criança. Preferimos acrescentar a noção de *intencionalidade* da criança ou do adolescente em seu ato e assim nos centrarmos mais no *ato criador* do que no próprio objeto. Convirá então considerar o fato de desenhar em um contexto amplo, que vai desde a preparação do desenho, a antecipação – "vou fazer um desenho" –, seguida da execução propriamente dita, na qual observamos os movimentos pulsionais, as emoções suscitadas pelo ato, até a contemplação da obra terminada. Portanto, desenhar insere-se numa *dimensão simbólica*.

Desenhar envolve três perspectivas significativas para a criança. De um lado, esse ato traduz a expressão de sua própria existência, de sua passagem por uma circunstância, uma situação, uma história. *Desenhar deixa um rastro de uma parte íntima da criança.* Além disso, ao desenhar, ela traduz, além do que pensa ser, o que está sentindo num instante T. Expressa seus temores, suas angústias, suas satisfações ao dar um conteúdo a seu desenho. Insere-o em sua realidade, quase sempre dependente da realidade socioafetiva em que transita. Podemos dizer que *desenhar cria uma linguagem* entre o objeto, o autor e o observador. Finalmente, por meio da atividade gráfica, a criança experimenta ao mesmo tempo suas aptidões motoras de domínio do gesto e também seus limites na representação de seus desejos. Exercita-se no poder de controle pessoal e no poder de criação e destruição da matéria (lápis, traço e suporte). Assim, nessa perspectiva, *desenhar faz crescer*.

1.1 O desenho: ferramenta do exame psicológico da criança e do adolescente

Por corresponder a uma atividade essencialmente infantil, no exame psicológico da criança ou do adolescente, o desenho pode revelar-se uma valiosa ferramenta de informações sobre os sentimentos do sujeito, sua parte psíquica íntima e suas capacidades relacionais.

> O desenho, portanto, deve interessar ao observador para além do que ele presumivelmente representa. Sem dúvida, a criança precisa que consideremos "bonita" a obra que realizou; mas, muitas vezes, desenhos inabilidosos são criativamente mais ricos do que outros perfeitos demais, frequentemente estereotipados (Wallon, 2012, p. 5).

1.1.1 Qualidades projetivas do desenho infantil

Ao considerarmos o desenho da criança como uma doação de si e de uma parte íntima de seu mundo perceptivo, conferimos-lhe um valor projetivo indiscutível. O desenho cumpre assim as funções de todo teste com valor projetivo,

I – Desenho livre

por sua "colocação em imagens, uma figuração cuja produção é regida por processos que imitam o trabalho do sonho: regressão, condensação, deslocamento" (Roman, 2015, p. 34). Além disso, o contexto do exame psicológico vai acentuar as funções do desenho. "Fora desse contexto, desse endereço e de seu caráter privado, ele perde o sentido e sua interpretação torna-se aleatória" (Sternis, 2001, p. 51). O que denominamos desenho livre, compreende, de um lado, o desenho realizado espontaneamente pela criança, simplesmente porque num determinado momento ela terá necessidade de expressar pelo desenho o que não pode expressar verbalmente; e, de outro lado, o desenho planejado ou desejado pelo adulto, mas sem instruções temáticas específicas. Em ambos os casos, a criança vai poder criar plenamente em seu suporte o mundo perceptivo no qual se situa no momento em que realiza sua obra.

A ausência de instruções oferece mais perspectivas representativas à criança ou ao adolescente, que então não se vê respondendo a um tema que oriente o próprio exame. A criança não está na cópia nem na imitação: retranscreve seus afetos. Portanto, o que ela vai informar por intermédio de sua produção é seu próprio mundo, sua personalidade. O desenho livre constitui, por excelência, a expressão pulsional da criança e propicia o uso do contexto presente como alavanca para o encontro e o diálogo. Mas, como nos lembram Cognet e Cognet (2018), embora seja dito "livre", o desenho resulta de uma série de compromissos.

> O primeiro compromisso é, evidentemente, consigo mesmo e arbitrado pelo pré-consciente – em referência à primeira tópica freudiana –, que, dependendo do caso, filtra ou manifesta. O segundo, com o ecossistema – a família, as pessoas próximas, a escola – e a riqueza ou não dos investimentos, dos estímulos. Por fim, o úl-

timo, com aquele a quem é dedicado o desenho – o outro, encarnado pelo clínico (G. Cognet & A. Cognet, 2018, p. 62).

No exame psicológico, o desenho livre introduz assim a criança numa relação de sedução com o outro, na qual ela manifesta seu prazer de fazer, de realizar diante do psicólogo, de compartilhar sua obra, de comunicar-se ao mesmo tempo que o desenho se concretiza e de mostrar o que é capaz de fazer. No desenho livre encontramos simultaneamente elementos próprios das atividades grafomotora e cognitiva: maturidade psicomotora, coordenação sensório-motora, integridade neurológica (Nguyên, 1989), mas também referentes a seu modo perceptivo particular. Nele veremos assim o *nível sensorial* da criança, no qual os elementos desenhados, independentemente da qualidade de sua elaboração, parecem interligados, não separados de uma forma de realismo de associação. Poderemos ver também o nível de percepção dito *racional* da criança, no qual o rigor é de praxe e o princípio de clareza parece aplicado à risca; mas então os elementos podem estar menos intercoordenados, menos interligados e, portanto, demonstrarem menos dinamismo.

O uso do desenho livre no exame psicológico constitui um indicador dos níveis cognitivos, perceptivos e afetivos da criança. Ao considerarmos esse teste como um teste projetivo, conferimos-lhe um valor de apreciação subjetiva na qual a personalidade, por sua natureza complexa e variada, pode expressar-se em níveis pré-conscientes e inconscientes. O grau de liberdade das instruções propicia a expressão das tendências inconscientes. O destinatário da obra realizada pela criança ou pelo adolescente assume uma importância capital. Esse aspecto pode apresentar um viés interpretativo, quando, apesar de uma instrução de desenho livre, o clínico sentir-se obrigado a "reclamar"

I – Desenho livre

para si a criação. Convém então perguntar ao sujeito a quem ele deseja destinar sua obra e assim levar até o fim essa lógica de liberdade: não só ele desenha o que quiser, mas além disso destina sua realização a quem desejar. Teremos então numerosas indicações sobre a mensagem manifestada pela criança a um destinatário carregado de representação simbólica.

Note-se que as formulações verbais da criança ou do adolescente durante a realização do desenho oferecem uma infinidade de elementos que facilitam a compreensão da personalidade expressa por este. Quando o sujeito antecipa sua criação – "vou desenhar uma casa" –, o desenho adquire valor de diálogo e de comunicação, consigo mesmo e seu mundo interior.

1.1.2 Lugar do desenho em função da idade

Convém aqui distinguir dois aspectos da produção gráfica infantil. Há, de um lado, o que corresponde ao desenvolvimento sequencial e ordenado no tempo, em que o manejo do lápis se aprimora em função da idade da criança, em que o aproveitamento do suporte é cada vez mais bem gerenciado por ela. Essa progressão se efetua em estreita correspondência com seu desenvolvimento afetivo-cognitivo e mostra a passagem de um estágio para outro. De outro lado, é necessário observar nos desenhos infantis, qualquer que seja a idade no momento da realização, os traçados que fazem referência a um período específico da existência. Nesta parte procuraremos articular esses dois aspectos fortemente interdependentes.

Período fetal
Evidentemente, nesse momento a criança não desenha, ainda que esteja em pleno período de autocriação.

O desenho no exame psicológico da criança e do adolescente

Em contrapartida, em alguns desenhos de crianças ou de adolescentes podemos detectar formas particulares que indicam a presença, nesse período, de um choque ou um trauma da vida *in utero*. As formas mais evocativas são o círculo seguido de um traço, como um espermatozoide, o paraquedas simbolizando o nascimento ou a queda da criança, às vezes mesmo a separação, o sol fragmentado demonstrando a insegurança, a instabilidade e o desequilíbrio desse período, a forma arredondada, como um feijão ou uma bexiga, revelando a necessidade de ser tranquilizada pela imagem englobante e maternante (Lefebure, 2006, p. 11-12).

Quando detecta esses traçados no decorrer do exame psicológico, o clínico deve deter-se também na qualidade do traço. De fato, um desenho cuja feitura geral parecer imperfeita, borrada, desleixada, incompleta nos levará à hipótese de um conflito psíquico atual do sujeito, e isso relacionado com o período fetal. Em compensação, um desenho com um traçado de alta qualidade mais nos fará pensar num desejo regressivo, reflexo do mundo fantasístico em que a criança ou o adolescente se situa.

Fase oral

Tradicionalmente compreendida entre o nascimento e a idade de 2 anos, do ponto de vista do desenho, a fase oral é a chamada fase da *garatuja*. Embora não tenha demorado para fazer marcas (arranhadelas na pele, desenho de sulcos na sopa), as primeiras marcas escritas geralmente se situam por volta do nono mês, quando a criança segura um lápis para fazer um risco: momento mágico e maravilhoso, no qual um gesto simples não se apaga, deixa um rastro visível. Algumas experimentações repetidas desse movimento permitirão à criança elaborar um esquema secundário de ação que a introduzirá no mundo da atividade gráfica.

I – Desenho livre

> Entre dois e três anos, ao lado do poder da palavra, a criança descobrirá o poder da imagem e sua capacidade de significar por meio de um desenho – descoberta mais fácil e apreciada na medida em que o ambiente cultural houver familiarizado a criança com esse modo de expressão [...]. Consciente de um saber-fazer, a criança empenha-se em produzir mais e melhor: multiplica as tentativas, manipula os instrumentos e os suportes, experimenta os gestos e seus efeitos; procura novas combinações, retém algumas, elimina outras, melhorando continuamente seus esquemas próprios (Cambier, 2008, p. 43).

A garatuja surge por volta de 1 ano de idade para terminar por volta dos 3 anos. Kim-Chi Nguyên (1989) destaca a garatuja vertical (antes dos 18 meses), em que a criança traça linhas ovoides e riscos oblíquos que vão da direita para a esquerda e de cima para baixo, e em seguida a garatuja horizontal (depois dos 18 meses), quando a criança consegue fazer riscos horizontais da esquerda para a direita. A passagem da verticalidade para a horizontalidade mostra a evolução da percepção da criança entre o mundo exterior e o mundo interior. "Em última análise, esses primeiros traços deixados pela criança têm a mesma função que o jogo da bobina descrito por Freud, encenação fantasística do desaparecimento e reaparecimento da mãe, agora orquestrada pela criança" (Weismann-Arcache, 2001, p. 39). Surgem as formas arredondadas e o interesse da criança pelo que realiza vai aumentando.

Os desenhos de crianças ou de adolescentes que refletem a fase oral são compostos principalmente de círculos com antenas, de formas redondas com um ponto central, de esboços de olhos e de boca numa forma mais ou menos arredondada. Assistimos então à construção da imagem dinâmica do sujeito. Entretanto, quando uma criança com mais idade realiza desenhos em que a oralidade parece pregnante, isso frequentemente traduzirá o sinal da angústia existencial, da carência afetiva precoce. O estágio que não foi atendido é o das necessidades, bem mais que o estágio da elaboração dos desejos: a criança ainda não chegou a ele em sua maturação psíquica.

Fase anal

Convém distinguir aqui várias etapas referentes à fase anal. Para as crianças, trata-se mais de uma escrita sem letras e sem imagem. O desenho constitui uma resposta direta à necessidade de movimento, de "expressão de ritmo vital", de gesticulação. Entre 2 e 4 anos, o gesto torna-se cada vez mais controlado, desacelera, e a forma vai nascer. A mão adquire progressivamente o controle de seus movimentos e pouco a pouco passará a responder apenas a uma necessidade essencial da criança: a necessidade de expressão de si. Inicialmente um traço esférico, a curva vai preceder o ângulo, demandando um esforço de vontade e um gesto mais intencional.

> Oval, gota, quadrado são as primeiras variantes do que denominamos círculo inicial. Mas o círculo também pode permanecer e aperfeiçoar-se como tal; ele é então o ponto de partida de uma grande família: a figuração humana (Stern, 1966, p. 8-9).

Por volta do final do terceiro ano, surge a *garatuja diferenciada*, em que "a criança ainda tende a garatujar, mas, no interior dessa massa, formas isolam-se" (Nguyên, 1989, p. 21). É o que Georges-Henri Luquet (1927) denominou "realismo fortuito", quando a criança primeiro desenha e em seguida define o significado formal de sua produção. Assim, "a garatuja não era nem totalmente um objeto nem

I – Desenho livre

totalmente um espaço. Nebulosa, ela prefigurava ambos" (Stern, 1966, p. 8).

Além da atividade grafomotora correspondente à fase anal, certos desenhos expressam uma centragem nesse período do desenvolvimento psíquico. Podem-se distinguir nele duas formas de analidade: submissão e agressão. A criança ou o adolescente que mostra em sua criação uma fixação na fase anal submissa expressa sua necessidade de identificação com o outro, fonte de gratificação adulta e, portanto, de prazer. Esses desenhos demonstram grande domínio da semelhança, simultaneamente pela meticulosidade com que são realizados e pelo extremo cuidado de agradar e de atender ao pedido. Mais do que o corporal, é o intelecto que se expressa. Já a produção que mostra uma fixação na fase anal com uma característica de agressão dá uma impressão de movimento, de rapidez, de ruído e de brutalidade do traçado e dos objetos desenhados. A criança então é contestadora, birrenta. No decorrer dessa fase, algumas problemáticas estão em jogo e se expressam por uma forma de agressão: o ciúme fraterno, o nascimento e a descoberta da finitude da existência, ou ainda a descoberta do mundo e a curiosidade que ele desperta, bem como a descoberta da sexualidade.

Fase fálica

Por volta dos 3 anos, a criança entra numa fase esquemática que se estende até mais ou menos os 6 anos. Mas então aparece uma fase transitória na qual ela expressa em seus desenhos uma forma de agressividade, seja deixando em sua produção um branco que prende o olhar, remetendo à noção de vazio, seja pelo uso exagerado de cores vivas, como o vermelho. Passada essa etapa transitória, a criança exprime sua curiosidade pela descoberta do outro e de si, direcionando-se para um esboço de adaptação social; o desenho tem então como princípio a criança esquematizar com uma indicação gráfica o que deseja representar. As linhas, os traços e outras marcas permitem que a criança atinja seus objetivos. Agora as formas circulares são bem formadas e bem fechadas, "contemporâneas da aquisição do 'eu'" (Weismann-Arcache, 2001, p. 41).

Nesse período da *representação conceptual*, as formas verticais numerosas nos informam o estabelecimento da fase fálica, durante a qual a criança consegue representar diferentemente os dois sexos. Por volta dos 5 anos, as cenas desenhadas tornam-se mais complexas; tanto os personagens como os objetos são representados num entorno, geralmente indicado, por volta dos 6 anos, pelas primeiras faixas de solo e de céu. Por meio de suas produções, a criança parte para a descoberta de quem é ela e de quem são os outros; ultrapassou a fase da posse, bem como a etapa do agir. O desenho da criança na fase fálica vai ser exclusivamente o da curiosidade e da descoberta de sua capacidade de pensar.

Édipo
Então a figura humana se torna dinâmica, em movimento, a imagem da ebulição psíquica em que se encontra a criança que desenha. A produção gráfica vai transformar-se numa expressão da relação emocional com o outro. Num primeiro momento, os desenhos traduzirão a fase de sedução de seus pais, nos quais florzinhas, coraçõezinhos e meiguice estarão presentes. Evidentemente, a imagem sempre difere do objeto real, pois nessa etapa a criança, de certo modo, simboliza sua própria representação do objeto real.

Depois, assim como Édipo, a criança entra numa segunda etapa de sua construção psíquica, na qual vai separar-se simbolicamente das imagens parentais para optar, durante

I – Desenho livre

algum tempo, por identificar-se com sua própria força. O desenho expressará esse aspecto principalmente pela grandiosidade, pelas casas ou construções do tipo fortaleza, pela presença imponente do "rei" Sol. Frequentemente o desenho se torna campo de expressão do ego exacerbado. Depois, a criança parece acalmar-se, moderar-se numa forma de aceitação de sua identidade pessoal, de escolha de seu sexo, de escolha de sua personalidade: vai entrar no período de latência. Os desenhos tornam-se mais padronizados, mostrando cenas cotidianas. A resolução edipiana se efetuará posteriormente, no momento da puberdade.

Período de latência

Se a crise parece atenuar-se em termos de pulsões sexuais, em contrapartida a estruturação do eu é uma etapa importante a partir do sétimo ano. Então os desenhos infantis expressam essas mudanças psíquicas internas, invisíveis para as pessoas próximas, e também os aspectos visíveis, tais como a imagem corporal, que se alonga e assume formas mais pronunciadas, mas ainda incertas. Ozinga (1969) menciona a fase da percepção da forma ou ainda "a fase da abordagem da criação" (p. 47), por volta dos 7 ou 8 anos. O aspecto esquemático vai pouco a pouco desaparecendo do desenho e direcionando-se para uma representação realista, conforme com as informações visuais.

Por volta dos 9 anos, a criança dedica-se mais à silhueta e ao contorno, com o objetivo de conseguir representar o objeto com exatidão. Em torno dos 10 anos, o desenho perde grande parte de sua dimensão simbólica. Caracteriza-se então por uma rigidez extrema, pela busca de simetria, provocando assim o desaparecimento da agilidade do traço, da leveza da atividade criadora. Por volta dos 11 anos, a criança entra num *período de naturalismo* em que somente o *realismo visual* parece fundamental.

Encaminhando-se para a adolescência, ela procura expressar-se por outros meios que não o desenho. Entretanto, a atividade gráfica no momento da adolescência pode ser de grande ajuda durante o exame psicológico.

1.1.3 O desenho livre na adolescência

A adolescência é o momento específico da busca de si e da compreensão do sentido que o sujeito dá à existência. Com relação ao desenho, Ozinga (1969) menciona a entrada, por volta dos 12 anos, numa fase caótica ou de tateios. As temáticas do desenho de adolescentes expressam a necessária e difícil etapa de identificação, a fim de realizar-se e autonomizar-se. Os monstros superpoderosos que simbolizam o ideal a ser atingido são frequentes nas criações artísticas desse período. Os personagens tornam-se mais estilizados, mais simplificados nos traços e mesmo representados por um pensamento ou uma forma abstrata.

Esse período da adolescência encerra múltiplas riquezas, visto que o jovem é, por si só, uma "esponja" emocional, sensitiva e afetiva. Sob influência da reativação pulsional, as descargas emocionais são variadas e numerosas, dando lugar para irrupções bruscas da energia, que poderá ser identificada devido ao caráter projetivo do desenho (Emmanuelli; Azoulay, 2009). Os desenhos, quando feitos a pedido, perdem espontaneidade, são muito pensados, mas ao mesmo tempo descrevem um painel de emoções inimaginável no desenho de uma criança mais nova. Mesmo nos desenhos copiados, a parte emocional ressurge, principalmente por meio dos erros de representação ou das desproporções dos objetos copiados. A amizade, a simpatia, o "ódio" são externados nos desenhos, e a paixão vem instalar-se em todas essas criações. Os comentários que acompanham as produções gráficas são fundamentais, pois expressam o extremismo afetivo da adolescência. Às

I – Desenho livre

vezes a violência e a força das palavras podem surpreender; entretanto, permitem que o jovem se experimente no prisma do sentir (Desenho 1).

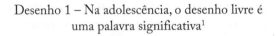

Desenho 1 – Na adolescência, o desenho livre é uma palavra significativa[1]

A adolescência é uma passagem em que o indivíduo se busca, procura se conhecer, saber quem ele é intimamente, a fim de pensar um reconhecimento pelo outro na qualidade de ser uno e único, contínuo e afirmado, diferente e semelhante, coerente e original, capaz de permanência e de recomeço nas situações difíceis. O risco da crise de identidade na puberdade consiste na fixação numa autoimagem desviante ou marginal. Alguns adolescentes podem inserir-se numa forma de errância psíquica que será transcrita em suas produções, com demonstrações dessa dificuldade: *nonsense*, personagens angustiantes, devoradores da infância, uso excessivo do preto e dos cinzas, seres múltiplos com várias cabeças (identidades), perdidos numa nebulosa

---
1. "*Sinik*" (Cínico).

infernal, mar encapelado e devastador. O desenho sem instruções expressa então a problemática do momento (Desenho 2). Além disso, desenhos cindidos em dois, rostos sem contorno, objetos vazios de conteúdo, seres humanos robotizados são alguns exemplos de temáticas frequentes durante essa fase. A atividade criadora pode ser de grande auxílio em tais situações, pois não só facilita a expressão dessa preocupação existencial como também põe em evidência o retraimento esquizoide do jovem.

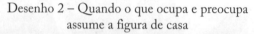

Desenho 2 – Quando o que ocupa e preocupa assume a figura de casa

Passada essa etapa, os jovens de 15-16 anos vão entrar na *fase de ordenação* e, depois, na *fase de aperfeiçoamento*, que se encerra entre 21 e 23 anos. Então todos os campos da expressão de si serão preferenciais, da música ao teatro e ao envolvimento escolar. A marca de si pensada e calculada se exerce em todas as áreas, inclusive na arte mural do *tag*, que permite adotar um nome, seu nome de

I – Desenho livre

criador e pensador. Aqui é a passagem da infância para a idade adulta que é caracterizada. Em última análise, é compreender que doar permite enriquecer-se e, portanto, é ser adulto.

1.2 Leitura de um desenho

1.2.1 Critérios fundamentais

Se a contemplação ou a avaliação subjetiva da estética de um desenho infantil nos parece ser um exercício fácil, o mesmo não acontece quando se trata de fornecer uma leitura objetiva a fim de dar-lhe uma interpretação clínica fina. Existem para isso alguns critérios fundamentais precisos.

Características afetivas do sujeito

Num primeiro momento, notaremos todos os elementos que dizem respeito ao *temperamento* do autor. Portanto, em uma primeira leitura é aconselhável indagar que nível de personalidade o desenho nos revela. Essas características são as mais observáveis, porque se apoiam no movimento do desenho, na direção, no uso do espaço, na intensidade da pressão sobre o suporte, na cor. A criança ou o adolescente posiciona-se num espaço; a princípio, precisa lidar com a angústia do vazio simbolizado pela folha em branco e, depois, organizar seu desenho para sentir uma certa segurança ou para reencontrar-se nele do modo como seu mundo íntimo lhe permite existir. Em nossas sociedades ocidentais, partimos do princípio de que toda leitura é feita da esquerda para a direita; assim, o movimento dos personagens, a evolução para a direita ou para a esquerda da obra nos fornecerão indicações quanto às centrações da criança.

O desenho no exame psicológico da criança e do adolescente

O que levantaremos aqui é a *orientação geral* da produção (1). Assim como no caso da escrita, avaliaremos a paginação do desenho ou sua *ordenação* (2), ou seja, os planos, os eixos e as relações de massas (Lefebure, 1993/2006, p. 6). Nessa observação detalhada, anotaremos também o *quadro* dentro do qual a criança se situa (3), ou seja, levaremos em conta a presença ou ausência de margens. Outro elemento a considerar é a *tomada de apoio real* (4) da criança. Evidentemente, entre as de menos de 5-6 anos, o posicionamento na folha não se insere na mesma realidade social que entre as de mais idade. Assim, é importante sempre ressituar a leitura do desenho em função da idade de quem o criou. Depois, observaremos as capacidades de autoafirmação, por intermédio principalmente das *dimensões* (5) e das proporções. São bem respeitadas? A criança expressa inibição por meio da pequenez dos elementos desenhados? Ou, ao contrário, é exuberante em seu traçado?

Consideraremos também as *formas* desenhadas (6). Veremos assim as capacidades da criança para criar e ser original em função das formas traçadas: se são predominantemente simétricas, angulares, arredondadas, cruzadas, na vertical, na horizontal etc. Tanto num sentido como no outro, o excesso de presença ou de ausência frequentemente é indício de patologia. Em seguida passaremos ao *posicionamento projetivo do sujeito* no desenho (7). Não apenas vamos observar se a criança se representa em sua produção ou se, ao contrário, exclui-se dela; também verificaremos seu posicionamento projetivo em relação com os outros elementos do desenho (próxima de um objeto, de uma pessoa, isolada etc.). Nossa finalidade aqui é avaliar a situação afetiva da criança ou do adolescente, seus interesses ou preocupações, seu dinamismo pessoal.

Então será possível observar no desenho todas as *ligações* (8) entre os objetos e entre os personagens representados.

I – Desenho livre

As ligações ou sua ausência atestam necessidades relacionais da criança, seus desejos, suas expectativas. O que observaremos é o *dinamismo geral* (9) da pessoa. Simultaneamente, levaremos em conta, de um lado, as categorias de pertencimento dos elementos desenhados, ou seja, o mundo humano, material, vegetal, animal, misto etc.; e, de outro lado, a característica atribuída a cada objeto (brandura, proteção, agressão, ferocidade etc.).

Por fim, atentaremos para *as cores utilizadas, as pressões do traço e os relevos* (10) do desenho. Em nossas sociedades, geralmente atribuímos o vermelho aos sentimentos de raiva, ao aspecto sanguíneo do ser, e o preto, à morbidez, à depressão. "Os trabalhos recentes mostram que o uso simbólico da cor se adapta às características emocionais dos desenhos" (Baldy, 2011, p. 250). Tratando-se de uma criança ou de um adolescente, aqui convém ponderar nossas observações. Efetivamente, a entrevista com o sujeito nos propiciará uma compreensão mais fina de sua escolha de cores, que pode ir do "porque as outras hidrográficas não estavam funcionando" ao "é minha cor preferida". Para a simbólica cromática, nos ateremos ao desenho como um todo, segundo as cores preferenciais sejam mais frias ou mais quentes. Os relevos, como o nome indica, dão altitude, criam a imensidade ou o umbilicalismo por sua ausência, expressam a necessidade de fôlego, de evasão ou, inversamente, de confinamento, de introspecção.

Características fisiológicas do desenho

A segunda etapa da interpretação objetiva do desenho consistirá em observar aquilo que forma rastro, aquilo que faz existir, ou seja, o traço. Já na primeira marca é possível detectar o traço, sua força, seu vigor, suas orientações etc. Vamos retomar os oito elementos do traço definidos por Lydia Fernandez (2014). Essas características fisiológicas do traçado estão divididas em duas subcategorias, correspondentes a tudo o que compõe o dinamismo, a atividade do traço, o fato de ele estar vivo. Entre esses elementos ativos, Fernandez destaca *a pressão e a espessura* do traço (1). Quando uma criança ou um adolescente utiliza o lápis de modo acentuado com uma forte espessura, isso remete à capacidade do sujeito de agir, de buscar a autoafirmação enquanto se experimenta em atitudes físicas opostas. A relação com a materialidade parece prevalecer sobre a preferência à vida interior. A criança parece confiante, audaciosa e enérgica.

A *nitidez* (2) do traço é vista como indicação de uma capacidade maior do sujeito para a independência, o equilíbrio psíquico e a solidez, associando-lhe ao mesmo tempo uma forma de frieza nos contatos sociais. A *retidão* (3) do traço seria uma característica da capacidade de tomada de decisão, de ausência de hesitação para lidar com os acontecimentos da vida. Por fim, a *rapidez* (4) do traço indicaria a energia motora.

Entre os chamados elementos passivos, Fernandez (2014) destaca a *leveza* (5) do traço, em que a submissão está presente, com a faculdade de "sentir a realidade, desfrutar suas percepções" (p. 35). Na criança ou no adolescente, esse traço leve lembrará timidez, fragilidade e falta de autoconfiança. O traço também pode ser *pastoso* (6) e, nesse caso, observaremos seu posicionamento na folha. Se for pastoso no lado esquerdo da folha, consideraremos uma sensibilidade exacerbada com relação ao passado; se for pastoso à direita da folha, é toda a vida social atual que estará carregada de sentimentos e afetos. A pressão é congestiva, expressando um distúrbio emocional que às vezes vem impedir o diálogo e a realização do trabalho psíquico.

Os traços de *forma curva* (7) revelarão a natureza do mundo interior do sujeito, no qual as imagens são importantes,

I – Desenho livre

com forte riqueza expressiva. Crotti e Magni (2001) consideram a circularidade e o arredondado excessivo do traço como um desejo de proteção expresso pela criança, lembrando o casulo fetal. Por fim, notaremos a *lentidão* (8) do traço, atestando numerosos obstáculos psíquicos que impedem a ação. A prudência e a hesitação são importantes, indicando algum conflito ou alguma inibição. Além desses procedimentos específicos e rigorosos na leitura do desenho de uma criança ou de um adolescente, outros aspectos éticos condicionam a qualidade interpretativa.

Numerosos autores propuseram metodologias para a análise do desenho. Entre os mais recentes, podemos citar os trabalhos de Bernard Jumel (2011, p. 58), que apresenta um quadro para tal análise. Esse quadro detalha a tomada de notas pelo observador, a organização categorial das notas na folha e o agrupamento em diferentes partes que facilitam a síntese do observador. Georges Cognet propõe, em 2011, uma ficha de exploração para a leitura de um desenho. Essa folha está organizada em três partes: primeira impressão geral; análise dos procedimentos do desenho, que leva em conta os elementos relacionais com o clínico; e avaliação das modalidades do funcionamento mental (Cognet, 2011, p. 109-110). Esse processo de compreensão de um desenho constitui uma ferramenta interessante, principalmente durante a realização de avaliações psicológicas.

1.2.2 Para uma interpretação objetiva

Ressaltamos que para qualquer leitura objetiva de um desenho infantil são necessários os elementos de anamnese e uma entrevista com os educadores da criança. Além disso, seria errôneo e mesmo perigoso pensar em apresentar uma análise fina de um desenho de criança ou de adolescente cuja realização não houvéssemos presenciado.

O desenho no exame psicológico da criança e do adolescente

Efetivamente, o momento da realização do desenho é fundamental para o clínico, que não só pode anotar a ordem de aparecimento dos elementos desenhados como também destacar as emoções suscitadas pela representação de certos objetos. A análise *in fine* pode ser considerada quando vem apoiar e complementar uma primeira observação clínica.

Em todos os casos, o desenho da criança é sempre uma criação que possibilita a expressão de si, que deve ser encarada com seriedade e respeito. É evidente que juízos qualitativos, indicações e sugestões sobre tal produção não fariam mais que privar o desenho de informação e de análise clínica. Ademais, essa produção que revela uma parte íntima do sujeito pode servir de alavanca para o diálogo e a instauração do relacionamento de apoio. O desenho de personagens nos informará principalmente sobre a imagem inconsciente do corpo. Nele estarão representados os eventuais traumatismos, o modo de troca relacional, a coerência interna da criança. Por isso, se o desenho nos é destinado, sua interpretação será feita sem a presença da criança, mas sempre com seu acordo prévio. Por respeito deontológico, convém também indicar à criança, já na primeira entrevista, o objetivo desta, os elementos em jogo e seu futuro terapêutico, se for oportuno.

O sujeito é único, sua produção gráfica também é única. Portanto, é necessário ter prudência e não generalizar características da atividade gráfica que poderiam ser vistas como universais, rígidas e não moduláveis. Além disso, a interpretação de um desenho infantil ou de adolescente é feita sempre em forma de hipóteses clínicas. As entrevistas seguintes virão apurar essas hipóteses para eventualmente anulá-las ou confirmá-las. Uma produção gráfica deve sempre ser considerada globalmente; dissecar um a um seus elementos poderia causar a perda da própria essência de sua

I – Desenho livre

realização. O desenho faz parte de um contexto particular, num ambiente e em condições de realização específicos.

Assim, é preciso ter sempre muita humildade diante de um desenho que por si só não pode explicar tudo, elucidar tudo, resolver tudo. No exame psicológico da criança ou do adolescente, o desenho constitui apenas uma parte das ferramentas para o diagnóstico; em caso algum pode permitir uma afirmação segura a respeito de uma patologia ou um trauma. As notícias diárias mencionam erros de interpretação; principalmente, à simples leitura de um desenho, é essencial que os psicólogos não desacreditem sua profissão e essa ferramenta com análises toscas, impregnadas de projeções múltiplas. Em situações de maus-tratos familiares ou de agressão sexual contra criança, frequentemente se observa nos adultos uma forma de invasão emocional que provoca um deslocamento rápido da suspeita para a acusação após a simples leitura de um desenho. Durante uma avaliação desse tipo, apenas a complementaridade de várias técnicas poderá levar à verificação objetiva das hipóteses.

Por fim, não só a criança poderá escolher o destinatário de seu desenho – que não será necessariamente o terapeuta – como também a colocação do desenho deverá corresponder às razões de sua realização. Em outras palavras, um desenho que mostre conflitos afetivos da criança, suas dificuldades psíquicas e seu sofrimento interior de forma alguma será um objeto de exposição no consultório do psicólogo. Do mesmo modo, quando de comum acordo o desenho for exposto, é necessário atentar para que não haja elementos identificadores visíveis. Sempre é possível negociar com a criança que o prenome seja escrito no verso do desenho. Evidentemente, o sobrenome, a data de nascimento ou outra não devem ficar à vista das pessoas que entrarem no consultório, quer se trate de outras crianças, de profissionais ou de pais de crianças.

1.2.3 Características do desenho livre

O temperamento e o traço são os elementos fundamentais de observação de um desenho. Especialmente para o desenho livre, consideramos quatro aspectos da criação. Todo desenho livre é *expressão de si*. Nele o temperamento pode ser lido por intermédio dos estados emocionais suscitados durante sua realização, das cores utilizadas, da gestão do vazio e do espaço, das características da forma e da natureza do traçado.

> A expressão não é um espetáculo para os olhos; só pode ser captada com as vibrações do corpo. Não é com olhos habituados a reconhecer objetos que se deve entrar em contato com quadros que contenham a expressão. A expressão é um momento de condensação, uma bruma colorida numa superfície de papel que um corpo em transpiração tocou de leve (Stern, 1973, p. 35-36).

O desenho livre guarda também um valor de *narração de si*. É uma história contada por fragmentos, por mensagens simbólicas. O que é projetado nele é o imaginário narrando um momento feliz, uma situação penosa ou um desejo inesperado. A temática do desenho quase sempre depende do contexto em que é realizado. Por isso, não será raro no período das festas de fim de ano vermos florescerem pinheiros de Natal, Papais Noéis e presentes em profusão... A criança então narra uma parte de seus sonhos. Mostra seus estados emocionais em situações atuais e através de seu desenho nos entrega seu mundo imaginário. A análise da percepção da realidade será ainda mais completa se forem efetuadas comparações entre vários desenhos.

O desenho livre possui ainda um terceiro valor, de *projeção de si*. De fato, o desenho age como um espelho do

I – Desenho livre

modo de perceber-se e de introduzir o humano no mundo circundante. É nessa percepção projetiva que poderemos observar o desenho como um todo, ver o que ele "transpira", o que libera de modo geral como modos de sentir (bem-estar, serenidade, perturbação, preocupação, choque etc.). Portanto, a personalidade em sua globalidade é parcialmente visível por esse desenho de cunho projetivo. Por fim, o desenho livre assume um último valor, que chamaremos de *associação*, em que a expressão, a narração e a projeção se entrelaçam de modo singular para cada indivíduo. Aqui tudo é considerado, da forma ao traço, do conteúdo à emoção, da simbólica à temática, numa abordagem psicodinâmica... Nesse princípio de associação, as bizarrices, a presença ou ausência de originalidade serão objeto de particular atenção.

2 O desenho livre como lugar de expressão de traumas em adolescentes migrantes

Embora situada num contexto de exame psicológico, pode ocorrer que a expressão de si pelo desenho, e especialmente pelo desenho livre, venha impor-se como função muito importante no decorrer de uma avaliação. Assim, quando o íntimo está em ebulição, quando as palavras são fracas demais ou desconhecidas pela criança, o desenho pode propiciar a emergência de uma atribulação traumática. Foi o que nossos trabalhos com jovens menores não acompanhados, num contexto de oficinas coletivas e junto de famílias migrantes, conseguiram revelar. Então "a expressão emocional pela imagem propicia a construção do sentimento de identidade pessoal e do sentimento de segurança interna de cada membro do grupo" (Arab & Vinay, 2017, p. 169).

Porque "toda migração é um ato de coragem que empenha a vida do indivíduo" (Moro, 2011, p. 63), os pontos de ruptura da subjetivação gerados pelos processos migratórios num contexto forçado não poderão ser expressos de forma direta (Vinay *et al.*, 2011; Arab; Vinay, 2017). Então o desenho como objeto de mediação facilitará sua expressão (Desenho 3). Assim, Verliet *et al.*, (2014) interessaram-se pelo estudo da manifestação de sintomas psiquiátricos já na chegada de jovens estrangeiros desacompanhados ao país de acolhimento e constataram uma alta frequência de distúrbios de ansiedade (38%), depressão (44%) e estado de estresse pós-traumático (52%) (Radjack, Hieron, Woestelandt; Moro, 2015). Indo além do objetivo avaliativo, então o desenho livre é por excelência o espaço de expressão desses sintomas que se referem à vivência traumática do percurso de exílio (Desenho 4).

Desenho 3 – Nomear pelo desenho
o país de origem

I – Desenho livre

Desenho 4 – O desenho como natureza morta

Portanto, pode ser interessante utilizar o desenho livre com adolescentes para fins de expressão num dispositivo criativo e produzir juntos a fim de contribuir para uma reescrita da atribulação psíquica. Então o objetivo principal não será tanto a leitura efetuada, e sim a função de expressão que facilitará a emergência de um horizonte temporal e de uma cronicização da trajetória de vida do jovem sujeito que está se debatendo entre uma existência com múltiplas vivências emocionais e um período de desenvolvimento da adolescência singular. Evidentemente, nesse contexto migratório, toda e qualquer leitura das produções não pode ser realizada sem fazer referência aos efeitos culturais e tampouco sem uma grade de leitura também composta com uma visão multicultural (Yahyaoui, 2010; Moro, 2011).

Talvez isso seja um alerta sobre os limites do uso do desenho no exame psicológico do adolescente; a função tem mais sentido do que a interpretação possível.

O desenho no exame psicológico da criança e do adolescente

Começamos esta obra tratando do desenho em geral e do desenho sem instruções – o desenho livre; agora nos parece importante considerar de maneira mais específica os diversos elementos do desenho. Assim, o desenho dos personagens, da figura humana e sua observação nos oferecem um grande número de informações sobre o exame psicológico da criança e do adolescente.

II

Desenho da figura humana

1 A figura humana como espelho de si

O desenho de uma figura humana tem a especificidade de ser ao mesmo tempo desenho do outro universal e desenho de si mesmo tal como seu corpo é percebido. Constata-se que, quaisquer que sejam as épocas e as culturas, a figura humana, a pessoa, é sempre representada do mesmo modo. Ao contrário de outros objetos de desenho, ela pode ser rapidamente figurada por simples formas básicas. As linhas reta e circular permitem que mesmo uma criança de tenra idade represente uma pessoa.

Note-se também que o desenho da figura humana pode ser examinado de acordo com vários eixos. Efetivamente, o personagem humano pode ser considerado com base na adição de elementos distintos que o constituem (braços, tronco, cabeça, orelhas etc.). Pode ser observado também segundo suas desproporções; por exemplo, uma parte do corpo representada de modo imponente ou excessivamente discreto. Também é possível examiná-lo na interação com outras pessoas ou objetos do desenho. Por fim, a figura humana pode ser observada no desenho como um todo, de acordo com os critérios de interpretação do desenho livre. Todas essas abordagens definem o objetivo no qual situamos o desenho no exame psicológico, em função das informações que o clínico deseja obter em sua avaliação.

Pouco a pouco, o desenho da figura humana vai ser repetido em profusão pela criança; passará por um grande número de experimentações, a fim de tornar-se cada vez mais semelhante à realidade. Desenhando pessoas a criança vai poder exercitar-se para a semelhança e a diferença. Vai poder realizar figuras humanas incompletas, quebradas, figuras ideais, tais como princesas etc. Além disso, todo o desenvolvimento da vida poderá ser representado pela criança ou pelo adolescente; as fases do desenvolvimento, do nascimento à velhice, poderão ser expressas e trabalhadas. Assim, o desenho da figura humana está assimilado a uma tarefa mais intelectual do que emocional. Ao mesmo tempo que se aperfeiçoa na representação humana, a criança também vai fazer descobertas sobre seu próprio corpo. Desse modo, o desenho da figura humana pode auxiliar no conhecimento de si em comparação com as imagens corporais do outro.

> A criança tem conhecimentos sobre o ser humano, assim como sobre as outras categorias de objetos, mas além disso vivencia-se psicológica e fisicamente como um ser humano. O organismo humano não é apenas um objeto físico ou mecânico comparável aos objetos artificiais que nos cercam. É simultaneamente vivido, sentido, fantasiado, instrumentalizado. É também a encarnação de uma autoconsciência que se forma ao longo do desenvolvimento e se modifica continuamente (Baldy, 2010, p. 83).

1.1 Evolução da figura humana de acordo com a idade

Os mais diversos pesquisadores observaram uma evolução generalizável a todas as crianças no desenho da

II – Desenho da figura humana

figura humana. Essas constatações, efetuadas já em 1866 por Coke, depois por Ricci (1858-1934) e em seguida por Sully em 1895 (citados por Baldy, 2010), possibilitam o estabelecimento, no desenho infantil, das diferentes fases de realismo, então denominado *poder figurativo*. É Luquet que, em 1927, apresenta sua tese sobre o *realismo fortuito*, depois o *realismo falhado* e o *realismo intelectual*, seguidos do *realismo visual*, cuja aquisição não é facultada a todos. Essa abordagem do desenho infantil como capaz de evolução, mudança e dinamismo abre caminho para estudos mais profundos, nos quais a evolução do desenho da figura humana é analisada detalhadamente.

O desenho da figura humana passa por uma rápida evolução característica. De um lado, os personagens são cada vez mais diferentes entre si; de outro, as categorias de personagens tornam-se mais complexas, indo do ser humano, de acordo com a idade, para espécies não humanas, nas quais os animais serão amplamente representados.

> O simples círculo do girino torna-se dois círculos de dimensões variáveis: o de baixo, maior, passa a representar o tronco; o de cima, menor, representa a cabeça. O girino torna-se um cabide no qual são pendurados os apêndices: nos braços crescem dedos; as pernas geram pés; os rostos logo são adornados com orelhas, olhos, boca, dentes, sobrancelhas, lóbulos de orelhas, cabelos e até mesmo sardas (Gardner, 1980, p. 81).

Consideramos que antes dos 3 anos de idade o esquema humano ainda não é identificável nas *garatujas* da criança. Somente a partir dos 3 anos se falará de desenho da figura humana, denominada *homem girino*, no âmbito de um esquema visual que atesta a importância da observação do outro pela criança. O círculo acompanhado de duas linhas simbolizando as pernas constitui a primeira realização da figura humana. Por volta dos 4-5 anos, surge uma intenção de dar forma. Os olhos, a boca, as mãos, os dedos e os pés começam a diferenciar-se dos membros. O pescoço e os ombros geralmente continuam ausentes dos desenhos infantis. Wallon *et al.* (2008) mencionam o quinto ano como o do ingresso na *idade do modelo*.

Por volta dos 7 anos, a criança acrescenta cabelos e roupas a seus personagens; já é capaz de representar a figura humana de perfil. Num primeiro momento, apenas o rosto está de perfil, enquanto o restante do corpo é representado de frente; depois, os pés e os braços vêm completar a representação do perfil. Por volta dos 11 anos, o volume surge na representação da pessoa e mesmo o conjunto parece articular-se melhor, as dimensões são corretas. Então a figura humana será cada vez mais detalhada, principalmente no rosto, onde os olhos serão traçados com íris, cílios, sobrancelhas. O pescoço ocupa seu lugar na articulação cabeça-tronco. Desde os anos 1960, a evolução do desenho da figura humana é representada com frequência em pranchas características. Consideraremos as pranchas propostas por Leif e Delay (1974), Tourrette e Guidetti (1995).

1.2 Imagem corporal e percepção do self

Um grande número de pesquisadores, e especialmente os psicanalistas, estudaram a questão do corpo, da relação com o corpo e da construção da imagem corporal. Jacques Lacan (1966), por exemplo, retomando a noção de estádio do espelho proposta por Henri Wallon (1941), aborda a fantasia do corpo fragmentado, na qual a criança não consegue vivenciar-se como uma entidade unificada. É pela passagem do estádio do espelho que uma construção psíquica da representação de si vai elaborar-se para chegar a uma compreensão ligada e unificada do corpo próprio.

II – Desenho da figura humana

Françoise Dolto (1982) insiste no fato de a construção do esquema corporal e da imagem do corpo assumir numerosas distinções.

Efetivamente, o esquema corporal é similar para todos os indivíduos, ao passo que a imagem do corpo é íntima, pessoal, própria de cada um; e é inconsciente. Uma cabeça, um tronco, braços e pernas fazem parte da montagem comum do esquema corporal, enquanto a percepção que cada um tem de seu corpo se constrói ao longo do tempo, em função dos eventos relacionais e familiares, na interação com o outro. Assim, no desenho da figura humana, um personagem que tivesse duas cabeças ou três braços seria a expressão de um esquema corporal perturbado. Por outro lado, ao pedirmos a uma criança que se represente graficamente, se ela der destaque a uma parte de seu corpo de forma exagerada, poderemos pensar numa imagem corporal perturbada, expressando no desenho um conflito psíquico.

Certos desenhos são característicos de um conflito psíquico na criança ou no adolescente. Por exemplo, na esquizofrenia não é raro o desenho da figura humana ser fragmentado e mesmo mutilado. Então a imagem que é dada do corpo é a da dissociação identitária. Os distúrbios da interação com o outro também podem ter alguns pontos de referência no desenho da figura humana. Assim, as áreas corporais que incitam vergonha ou fobia serão ocultadas, encolhidas. Os distúrbios do comportamento alimentar impregnam fortemente a representação humana no adolescente. De fato, a figura humana pode constituir uma impossibilidade representativa; a recusa pode ser observada quando se trata de desenhar o ser humano. Frequentemente o desenho será paisagístico, desumanizado, com a presença de naturezas mortas, de vegetação invasiva, a fim de não provocar o próprio confronto com a imagem do corpo humano.

2 Os diversos usos do desenho da figura humana

2.1 O teste da figura humana

No exame psicológico da criança ou do adolescente, utilizaremos o desenho da figura humana tendo como pressuposto que a obra assim produzida é o reflexo da elaboração psíquica do seu *self*. Portanto, o desenho do personagem humano tem carga afetiva. O corpo assim desenhado é uma tradução das representações simbólicas das relações do sujeito com seu ambiente – relacional, afetivo, social, familiar etc. Por meio de sua figura humana, a criança não só expressa a percepção que tem do próprio corpo e de sua identidade física, mas também nos indica como representa seu lugar no mundo. O desenho da figura humana pode então ser compreendido como uma prova gráfica de cunho projetivo.

2.1.1 Desenho da figura humana: lugar de projeção de si

Três elementos do esquema corporal são tradicionalmente considerados na interpretação clínica do desenho da pessoa: a cabeça, o corpo e o vestuário serão objeto de uma atenção especial. Esses três elementos têm correspondências simbólicas que nos permitem definir melhor a implicação subjetiva da criança em diferentes pertencimentos. Assim, *a cabeça* estaria associada à noção de identidade pessoal, à percepção íntima de si. A cabeça é ao mesmo tempo o lugar do sentimento de identidade no qual é possível o sujeito representar-se rigorosamente ou, ao contrário, "esquecer de si" a fim de não se reconhecer nele. Nesse caso, parece que é todo o processo de apropriação de seu corpo que é posto em evidência. Além disso, a cabeça simboliza também o lugar do diálogo com o outro, a possibilidade de falar sobre si, de comunicar-se. Tanto

II – Desenho da figura humana

a presença como a ausência de algumas partes do rosto permitirão que complementemos a avaliação psicológica da criança ou do adolescente.

Evidentemente, convém manter prudência a respeito de qualquer esquecimento por uma criança. De fato, por um lado, às vezes o contexto pode levá-la a esquecer alguns aspectos do personagem, por exemplo, o tempo muito curto de realização da obra; por outro lado, a idade do desenhista deve ser considerada. Uma criança de 4-5 anos pode esquecer o nariz ou a boca da figura, sem que isso expresse a existência de uma culpa ou de um segredo que a impeça de falar. A interpretação clínica difere consideravelmente quando se trata de uma criança de 5 anos ou de uma de 8 anos. Na criança de mais idade ou no adolescente com o esquema corporal já adquirido, a ausência de orelha ou de boca no rosto do personagem, a exageração ou a hipertrofia de um órgão deverão ser investigadas no decorrer da entrevista.

O *corpo* fará referência à espécie humana em seu caráter universal. Portanto, será produtivo observar as crianças que forem incapazes de representar o ser humano e preferirem, de certo modo, animalizá-lo. "A análise do desenho pode ajudar a avaliar a fase de maturação da criança com relação a sua descoberta das estruturas corporais" (Navarro, 2003, p. 15). No caso de certas doenças que afetam o corpo, o desenho da figura humana pode ser de grande ajuda para a criança na compreensão de suas dificuldades e na aceitação de sua diferença com relação aos outros.

Mais uma vez a idade da criança deve ser levada em conta. Efetivamente, em cerca de 50% dos desenhos de pessoa por crianças de 4 anos, observa-se o esquecimento de um braço ou de ambos. Quando aos 6 anos os braços são esquecidos, essa omissão receberá uma atenção particular. O mesmo vale para o número de dedos da mão, que podem estar a mais ou a menos. Antes dos 6-7 anos, isso quase sempre corresponde à capacidade de contagem das crianças; acima dessa idade e sem dificuldade reconhecida, o clínico procurará compreender a impossibilidade da criança de contar até cinco ou, ainda, o fato de transformar as mãos em "cabeças cabeludas" ou sóis irradiantes.

O *vestuário* é um indicador quanto às relações sociais. Primeiramente mostrando um pertencimento de gênero, ele se torna também a tradução fantasística dos desejos de afiliação da criança: a princesa, o bombeiro, o super-herói, a bruxa ou o monstro etc.

> A roupa parece concebida primeiramente como uma espécie de pele colada ao corpo; poderíamos dizer que faz parte dele, o que se expressa no desenho pela coloração do pescoço, das mãos e dos pés da mesma cor que a roupa, ou ainda por mangas de cor diferente da roupa do tronco (sem que possamos distinguir a intenção de representar uma peça de roupa específica, como um colete, por exemplo) (Royer, 2011, p. 105).

A vestidura tem várias funções. De um lado, é protetora, pois evita as agressões climáticas, atenua os golpes, os choques e permite que os objetos de vergonha ou de complexo sejam ocultados. De outro, a roupa pode distinguir os gêneros, as classes sociais ou a atração por determinadas qualidades – esportiva, guerreira, feérica etc. (Baldy, 2010). Em resumo, ela estabelece o grupo de pertencimento ao qual a criança se remete.

> Assim como a roupa na vida diária, o desenho expressa a relação narcísica com o mundo. O vestuário, enquanto ferramenta de reforço da sedução, permite que sejam artificialmente melhorados alguns aspectos do olhar do outro. Ele mascara, valoriza, transforma, aumenta ou reduz os sinais de sedução (Navarro, 2003, p. 17).

II – Desenho da figura humana

O desenho da figura humana é a expressão de si numa relação complexa entre o *self*, o olhar do outro e o relacionamento com ele. O personagem representado pela criança ou pelo adolescente é, de certo modo, um instantâneo da reflexão sobre si e da construção de si diferente dos outros seres humanos e semelhante a eles. Fazer a relação com outras representações humanas facilita a compreensão do posicionamento socioafetivo da criança, traduzindo os níveis de autoestima, autoafirmação, autoengajamento na sociedade, ou ainda de agressividade contra si e o mundo circundante.

Por seu caráter projetivo, o desenho da figura humana apresenta também um interesse indiscutível para facilitar a expressão do estado de saúde psíquica e física da criança. Ele pode indicar sofrimento mental ou fisiológico; por exemplo, desenhos em que o ser humano está esfolado ou mesmo, em algumas criações, distendido entre dois estados de existência, ou ainda quando o corpo é representado ferido, amputado ou até com manchas roxas e sangrando. O desenho do personagem pode propiciar a emergência de uma hipótese clínica em situações difíceis para uma criança, mas também pode ser simplesmente a expressão de um *self* repleto de esperanças, sonhos, marcas de felicidade e alegria de viver. Visto que desenhar é uma atividade tradicional da infância, nela são externadas todas as emoções, todas as sensações, das mais dolorosas às mais felizes. O desenho da pessoa também pode ser utilizado no exame psicológico a fim de avaliar o nível de maturidade da criança.

2.1.2 O teste da figura humana segundo Goodenough

O teste da figura humana, proposto inicialmente por Florence Goodenough em 1926 e depois revisado por Dale Harris em 1963, faz parte dos testes de inteligência, na medida em que é acompanhado de uma escala de avaliação que permite quantificar o quociente intelectual.

> É muito interessante ver como a criança representa o personagem humano. Sabe-se que o desenho da figura humana de Goodenough foi objeto de um escore de pontos padronizado que possibilita a obtenção de uma idade mental. Isso retoma o fato muito conhecido de que a representação do personagem humano se modifica e se enriquece ao longo do desenvolvimento (Debray, 2000, p. 25-26).

Goodenough iniciou sua investigação nos anos 1920, recolhendo desenhos de homens feitos por alunos do maternal até o nível elementar. Elaborou uma escala constituída de vários itens, nos quais figuram os diversos elementos do personagem (cabeça, braços, pernas, olhos, orelhas, roupas, perfil, face etc.). Uma porcentagem de sucesso correspondente aos itens da escala era calculada e dividida de acordo com o nível escolar das crianças, com idades entre 4 e 10 anos, que podiam estar em avanço, num nível normal ou em atraso escolar. Uma primeira parte do estudo consistiu em categorizar elemento por elemento com base na idade das crianças, a fim de obter uma porcentagem de presença dos elementos do personagem nos desenhos infantis. Por fim, a padronização foi realizada a partir da observação de 3.593 desenhos de homens efetuados por crianças de Nova Jersey, majoritariamente de nível social superior.

> Goodenough (1926) considera que "o elemento intelectual é o fator predominante na determinação do resultado" (p. 62). Ela começou a revisão de sua prova com a ideia de que "na criança é evidente uma estreita relação entre o desenvolvimento mental revelado por seus desenhos e sua inteligência" (p. 9) (Baldy, 2010, p. 85-86).

II – Desenho da figura humana

Um grande número de correlações foi calculado, a fim de verificar a validade e a confiabilidade do "teste do homem" de Goodenough. Os coeficientes de correlação oscilam entre 0,76 e 0,74 em comparação com os níveis escolares e os quocientes intelectuais obtidos. Em 1926, Goodenough apresentou então seu "teste do desenho de um homem" (*draw-a-man test*), que, por adição de elementos presentes no desenho, leva ao estabelecimento de um escore; em seguida, uma tabela de padronização em função da idade converte essa pontuação em nível de desenvolvimento intelectual. A escala obtida totaliza 51 itens, que vão desde "presença da cabeça" até "silhueta", passando por "cabelos corretamente colocados", "coordenação do contorno geral", "presença da pupila" etc. Utilizando folhas de conversão escore/idade, é possível atribuir a cada figura desenhada um nível de maturidade do desenhista. A aplicação desse teste tem a vantagem de ser simples e poder realizar-se num contexto coletivo ou individual.

Foram feitas muitas críticas ao teste de Goodenough. A apreciação da realização da criança recorre a critérios de empenho, clareza, limpeza, e as referências utilizadas para definir a qualidade do personagem assim representado correspondem às normas socioculturais ocidentais. Pressupõe que um alto nível intelectual está associado a uma figura humana sofisticada nos detalhes, e todo elemento ausente direciona a análise para uma qualidade menos boa de realização. Entretanto, observa-se nas patologias que o acúmulo excessivo de detalhes constitui uma indicação diagnóstica de dificuldade.

Em 1963, Harris propõe uma fórmula revisada do "teste do homem" de Goodenough. Por um lado, ele modifica a instrução de que a figura será observada em função de seu sexo de pertencimento e, por outro, aumenta para 78 o número de itens observados, precisando as definições atribuídas a cada item. Embora posteriormente tenha havido outras revisões do teste da figura humana – por exemplo, com Jacqueline Royer em 1977, em que a meticulosidade já não é tão levada em conta –, a pontuação continua a ser por adição, fornecendo um escore de elementos desenhados no personagem humano. Parece que no teste da figura humana o aspecto afetivo não é considerado em seu nível correto. Na verdade, é possível fazer uma dupla avaliação desse teste, a exemplo do que Karen Machover desenvolveu em 1949: de fato, é preferível fornecer ao mesmo tempo uma análise qualitativa do personagem desenhado e também uma análise quantitativa que nos dê uma avaliação de um nível de maturidade da criança. Aliás, Machover (1949) incluiu em suas instruções um segundo desenho de personagem, com os dois desenhos devendo representar dois seres humanos de sexos diferentes.

Para dar conta da complexidade da evolução humana por meio do desenho da figura humana, Royer (2011) elaborou uma escala de maturidade gráfica composta de 70 itens, divididos entre a cabeça, o esquema corporal e as roupas do personagem. Essa nova escala inspirada no teste de Goodenough leva em consideração o espaço afetivo do desenho, principalmente com avaliação da cor.

Por fim, quer se trate de uma forma revisada quer não, a aplicação do teste da figura humana não se adapta a uma criança de mais de 12 anos, pois não existe uma tabela de padronização. Evidentemente, ele sempre pode ser utilizado e especialmente no exame psicológico da criança; mas nos parece importante fazer ao mesmo tempo uma leitura quantitativa que será acompanhada de outros testes e uma leitura qualitativa na qual será examinado o âmbito socioafetivo da criança.

II – Desenho da figura humana

2.2 Detecção de distúrbios neurovisuais

Decidimos abordar aqui as provas de cópia e especialmente a figura de Rey porque, quando se olha essa figura geométrica complexa, é muito difícil ver nela algo humano. Quando se mostra à criança ou ao adolescente uma imagem desumanizada, suas reações nos parecem essenciais para a compreensão que é possível ter do sujeito diante da ausência de humanidade. "A prova mostra-nos as dificuldades que a criança sente diante da abstração e sua maneira de lidar com ela" (Wallon; Mesmin, 2002, p. 12). Ademais, essa figura será de grande ajuda para, durante o exame psicológico, detectarem-se eventuais distúrbios neurovisuais. Rey propôs, em 1942, uma figura com componentes geométricos e que ele mesmo qualificou de complexa; poderíamos acrescentar a noção de estranheza à qual ela remete. Essa figura é composta de linhas que, interligadas, assumem um valor simbólico.

> A tarefa não corresponde a algo já conhecido. A figura complexa de Rey (FCR) foi construída com esse objetivo. Não representa nem de perto nem de longe um objeto conhecido. O próprio princípio da prova em seus dois tempos – cópia e memória – é o espanto. É preciso que o sujeito nunca anteriormente tenha deparado com a figura: é nova para ele. Nada deve fazê-lo prever que num segundo momento deverá reproduzi-la de memória. O efeito surpresa está na base desse teste (Wallon; Mesmin, 2002, p. 11).

A figura de Rey pode ser compreendida como uma prova gráfica de cópia com valor projetivo. Assim, é possível distinguir nessa figura complexa várias funções. O princípio de simetria-assimetria é um elemento fundamental dessa imagem e que remete diretamente o sujeito a seu próprio corpo, que também possui áreas simétricas e áreas assimétricas. Depois de uma primeira etapa desestabilizante que faz a criança ou o adolescente experimentar o vazio humano, num segundo momento a figura de Rey remete aos diferentes aspectos físicos do sujeito, que podem apresentar incoerências tanto quanto complementaridades. Como lembram Cognet e Bachelier (2017):

> Vários autores, psicanalistas ou psicólogos clínicos inspirados pela metapsicologia freudiana, apontam uma correspondência entre a realização da figura de Rey e não o esquema corporal, mas o que Dolto (1984) denomina "a imagem inconsciente do corpo" (p. 377).

Em última análise, a figura de Rey força o indivíduo a desvendar seu modo de afirmação no mundo circundante, força-o a encontrar correspondências no mundo real. Aliás, a criança tende muito rapidamente a reconstituir a figura num contexto do sabido e do conhecimento. Mas a figura de Rey guarda também essa capacidade de simbolização do dentro e do fora, do interno e do externo. Por estarem delimitadas, as formas geométricas que se entremeiam na figura remetem à noção de continente e conteúdo, ao corpo do sujeito, ao eu-pele descrito por Didier Anzieu (1985).

Tradicionalmente, o teste da figura de Rey no exame psicológico da criança ou do adolescente apresenta a vantagem de avaliar o modo de funcionamento mnésico do sujeito. Certas distorções da imagem serão reveladoras de uma concordância falhada entre os níveis perceptivo, de codificação memorial e de reconstituição da informação. No caso de um dano cerebral, o grau de distúrbios neurovisuais será avaliado especialmente por essa figura (Desenho 5).

> Num primeiro momento, pede-se ao sujeito que reproduza a Figura Complexa. A realização se dá com lápis de cor (não utilizar canetas hidrográficas), que vão sendo trocados para

II – Desenho da figura humana

evidenciar o processo de construção utilizado pela criança. Em seguida, depois de ocultar o modelo e observar um tempo de latência de aproximadamente três minutos, pede-se que ela desenhe o que memorizou dessa figura geométrica abstrata (Debray, 2000, p. 24).

Desenho 5 – Reconstituição da Figura de Rey
por uma criança de 8 anos com deficiência

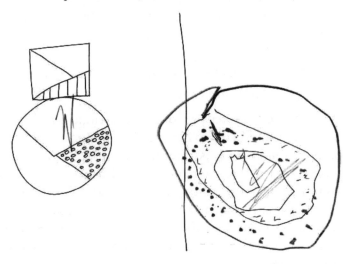

Entretanto, quando se faz uma análise clínica qualitativa desse desenho copiado e depois reproduzido e quando se retém essencialmente seu aspecto projetivo, pode-se descobrir, especialmente nas áreas de "preenchimento", a importância, para a criança, do envoltório psíquico no qual ela se constrói. Geralmente, a prova é aplicada a partir dos 8 anos. De fato, seu uso antes dessa idade unicamente complementaria uma observação referente às capacidades de adaptação da criança. As reações diante do vazio na tentativa de enunciar semelhanças com o conhecido constituem então o essencial dessa prova gráfica.

O desenho no exame psicológico da criança e do adolescente

3 O corpo amputado e o desenho da figura humana

Corpo amputado é um corpo que sofreu um ferimento: ferimento físico, como adoecer com a chegada de um câncer ou ao longo do desenvolvimento por uma doença genética; ferimento psíquico, por exemplo, numa patologia psicótica; ferimento afetivo, em decorrência de carências precoces. O corpo amputado e ferido da criança ou do adolescente será retranscrito através de seus desenhos da figura humana. A figura humana pode então ser o ideal a alcançar ou o objeto de sofrimento do ser.

3.1 O desenho da figura humana por uma criança ou um adolescente com câncer

Vivenciar um câncer provoca no indivíduo uma alteração da imagem do corpo. Este perde sua função de proteção, de estabilização e, portanto, de adaptação. A imagem do corpo é parte integrante de nossa identidade, que, com a doença, volta a ser questionada. Na criança, os desenhos da figura humana podem situar-se numa negação da doença e do órgão em falha ou numa encenação monstruosa em que a doença vem alienar o ser inteiro. Os desenhos quase sempre expressam a ansiedade com relação ao corpo operado, modificado pela quimioterapia ou amputado, desestruturado por sua vulnerabilidade. A autoestima dessa criança doente geralmente é baixa e o desenho da pessoa mostra-nos essa desunião entre o ser humano e o mundo dos vivos. A angústia da morte está presente. Frequentemente os personagens doentes são menores que os outros na produção gráfica. As cenas de batalha, de luta, os personagens guerreiros, combatentes atestam o ajuste psíquico no qual a criança se encontra.

Observações de crianças e adolescentes em meio hospitalar mostraram que o desenho da pessoa podia ser utilizado para reforçar as capacidades defensivas das crianças. Pare-

II – Desenho da figura humana

ce que propor para a criação gráfica uma instrução como "guerreiros, pessoas que lutam, soldados que defendem seu país" pode propiciar para a criança uma identificação projetiva simbolizando sua própria luta contra a doença.

3.2 Déficit motor

Quando é congênito, o déficit motor corresponde a uma aprendizagem, ao longo do tempo, das impossibilidades motoras gestuais. A criança constrói-se com base em seus próprios limites físicos, que vai descobrindo pouco a pouco. Numa situação de déficit motor, o uso do desenho no exame psicológico será, por seu valor projetivo, um indicador da repercussão do déficit do indivíduo (Desenho 6). Dependendo do tipo de déficit, haverá dificuldades motoras no manejo do lápis. Apesar disso, toda atividade criativa de autoexpressão deve ser desenvolvida, a fim de auxiliar a criança a viver com seu déficit.

Desenho 6 – A figura humana por um jovem
de 13 anos com um déficit motor

Assim, se o desenho parecer impossível (o que, em nossa opinião, não é verdade), sempre resta, no mínimo, um sentido que permite à criança ou ao adolescente deixar um rastro de si no mundo dos humanos. Além disso, se existir a fala, se existir comunicação, então o desenho é factível. Não só é possível sem recorrer às mãos (a boca, os pés podem assumir a função de desenhar), mas também é possível "ser as mãos" da criança ou do adolescente que não pode utilizar as suas. Por fim, se considerarmos o desenho como expressão do sonho e do imaginário, também podemos trabalhar pelo ângulo do sonho lúcido dirigido, em que o sujeito nos descreve o desenho mental que está produzindo.

3.3 Traumatismo craniano

O traumatismo craniano em sua forma grave, causando, por exemplo, uma lesão cerebral na criança acidentada, provoca uma modificação total da percepção de si e do mundo circundante. O sujeito não se sente mais em seu corpo como antes da lesão e, entretanto, conserva fragmentos de vivências de autopercepção (Desenho 7). A criança ou o adolescente com traumatismo craniano vai enfrentar grandes dificuldades, principalmente quanto à conscientização das novas incapacidades e dos distúrbios reais.

> As afecções que atingem as funções cerebrais têm uma incidência evidente sobre o desenho, quer envolvam o todo (encefalopatias, encefalites etc.), quer envolvam somente uma função precisa, como a linguagem, a visão ou a audição. Mas algumas afecções que não atingem diretamente o cérebro também têm incidência sobre o desenho. Ele tem valor projetivo e, portanto, é um bom indicador da repercussão da doença na criança (Wallon, 2012, p. 197).

II – Desenho da figura humana

Desenho 7 – Figura humana desarticulada, desenhada por um jovem de 14 anos com traumatismo craniano

Quando, frequentemente após um acidente, uma criança apresenta uma lesão cerebral, constata-se que seu desenho continua evoluindo até a maturação do sistema cerebral. Muitas vezes a evolução é evidente nos meses seguintes ao acidente. A maioria dos lesados cerebrais retornam à idade que tinham no momento do acidente. Mais difícil de prever é se a evolução poderá avançar mais adiante desse acontecimento. "Assim, os distúrbios do grafismo infantil ligados a uma lesão neurológica dependem da data da lesão" (Wallon et al., 2008, p. 198).

Acontece também o traumatismo ser negado pelo sujeito, que se recusa a mencioná-lo: a memória imediata está afetada e comportamentos impulsivos aparecem com frequência. O choque foi sofrido pelo cérebro inteiro, com inúmeras repercussões no funcionamento físico e psíquico. Frequentemente torna-se difícil executar a atividade gráfica, pois muitos distúrbios neurológicos podem estar associados à lesão cerebral. Entretanto, nas crianças e nos adolescentes que conseguem desenhar, quase sempre observamos no desenho da figura humana problemas de controle do perímetro do suporte papel, movimentos motores rápidos e impulsivos e, no final, pessoas desproporcionais e dando uma impressão de desconstrução.

Entretanto, apesar de seu resultado parecer insignificante, a atividade gráfica, essencial para a autoexpressão, facilitará o domínio das angústias relacionadas com a alteração do esquema corporal. O desenho torna-se uma atividade necessária em que o esforço readaptativo de controle motor será vetor de reconstrução e de autovalorização. Trabalhar o desenho do personagem humano com a criança lesionada oferece-lhe a possibilidade de reconstruir mentalmente a imagem corporal; essa reconstrução irá ajudá-la a experimentar-se de novo num corpo estranho e não reconhecido pelas respostas do cérebro.

3.4 O desenho da figura humana nas desordens psíquicas

3.4.1 Traumas emocionais

Quando uma criança sofreu carências afetivas precoces, quando passa por um choque afetivo, como uma ruptura, um luto, a percepção valorizada do ser humano pode diminuir. A figura desenhada se tornará objeto de raiva, de agressão, de vingança proporcional ao sofrimento sentido. Nesse caso, o desenho será utilizado como um exutório com valor de descarga da agressividade percebida. A atividade gráfica deve então ser considerada ao mesmo tempo como liberadora das emoções e também como o único meio de expressão do trauma sofrido, pois diante do afeto a palavra não pode manifestar-se.

3.4.2 Deficiência intelectual e desenho da figura humana

A primeira noção observável refere-se à dificuldade para seguir instruções e para utilizar os meios necessários

II – Desenho da figura humana

à realização de uma prova gráfica precisa. O desenho apresentará algumas características, tais como estereotipias em que certos elementos serão reproduzidos várias vezes, detalhes de tamanho minúsculo estarão presentes com frequência, reações pulsionais relacionadas com o ato de desenhar também poderão ser observadas. Às vezes o desenho pode ser colorido, rabiscado, enegrecido até o extremo, até o momento em que o suporte cede e se rasga. No decorrer do exame psicológico, a atividade gráfica em geral vai confirmar um diagnóstico de deficiência intelectual, principalmente pelo uso do teste da figura humana; a mais longo prazo, porém, ele pode ter um objetivo de ordem terapêutica ou de acompanhamento psicológico numa aprendizagem do domínio grafomotor, pois a concentração numa prova deixa um rastro de si (Desenho 8).

Desenho 8 – Autorretrato de um adolescente de 15 anos

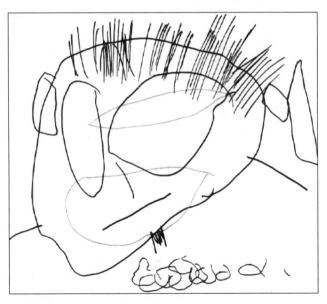

3.4.3 O lugar do desenho nos distúrbios psicopatológicos

Entre as diversas formas neuróticas na criança ou no adolescente, algumas especificidades são dignas de nota no desenho. O traçado quase sempre é pouco espesso, pouco firme, até impreciso ou pontilhado. Uma forte inibição emana do desenho, principalmente quando se trata de uma figura humana com características de pequenez, fragilidade e vulnerabilidade, imobilizada num canto da página, isolada em sua ansiedade. Alguns personagens podem apresentar amputações, significando que o ser não merece ser representado por inteiro. A angústia constitui um elemento motivador da atividade gráfica, mesmo que às vezes o desenho propicie a expressão da agressividade latente da criança ou do adolescente neuróticos. As rasuras, os elementos riscados, dando a impressão de que o desenhista se enganou em sua realização, são abundantes. O caráter excessivamente minucioso na representação da figura humana pode traduzir o aspecto obsessivo da neurose.

A criança ou o adolescente psicótico exibe em primeiro lugar uma ruptura característica com a realidade e o mundo circundante. Toda realização se baseará nesse aspecto seccionado, defasado do mundo real. Então o personagem desenhado é desconjuntado, múltiplo, desumanizado, fantasioso etc. Pode ser composto de objetos disparatados, sem cunho lógico. O espaço do suporte, as proporções, dimensões e cores são utilizados de modo aberrante. O desenho torna-se a encenação da alucinação.

> Às vezes a psicose desestrutura uma personalidade aparentemente bem formada. Nesse caso, Aubin descreve vários tipos de desenhos. Pode ser um "tipo liliputiano": micropessoa (2-3 cm) perdida na página, sem detalhes do rosto nem mãos, e a criança diz que ela quer voltar a ser bebê. Às vezes esse desenho é reproduzido em

II – Desenho da figura humana

> série (preenchimento). [...] Machover fala de dissolução do eu no mundo exterior. Às vezes o personagem é substituído por uma mão, um dedo, um olho, uma mecha de cabelos, ou por alguns elementos esparsos, uma espécie de fantoche desarticulado. Na criança psicótica, as defesas podem expressar-se por um geometrismo: o desenho é angular, ocasionalmente redondo. Observam-se contornos duplos (Wallon, 2012, p. 208-210).

As tendências paranoides da criança ou do adolescente vão revelar-se em sua recusa de desenhar uma pessoa. Também se observa com frequência a destruição do desenho ainda não terminado. A própria criação pode tornar-se fonte de uma reação agressiva em que os elementos desenhados adquirirão valor de perseguição. Sobre uma base alheia à realidade, a produção gráfica anima-se, ganha vida e torna-se opressiva, a tal ponto que a única solução é sua negação.

Se o corpo ou a mente estiverem "amputados", o desenho da figura humana sofre as repercussões disso. Quando a fonte de dificuldades psíquicas é o ambiente social e relacional, o desenho da casa pode ao mesmo tempo revelar essas dificuldades e também ser fortemente direcionado pela percepção social que a criança ou o adolescente tem delas.

III

Desenho da casa

1 Valor projetivo da casa

1.1 Simbólica da casa

A casa geralmente permite que se identifique seu habitante. Ela fornece uma imagem daquele que nela investe, e contribui para o bem-estar e a proteção ao proporcionar solidez diante das agressões do mundo exterior. Atesta o modo de viver de uma sociedade bem como a composição relacional entre as gerações.

> Individual porque, segundo Bachelard (1957), ela corresponde à topografia do ser íntimo, com seus pavimentos, seu porão e seu sótão. O porão corresponde ao inconsciente; o sótão, à imaginação, à espiritualidade. Individual também porque porta em si seus valores de abrigo, de refúgio, de proteção – em suma, de seio materno (Nguyên, 1989, p. 77-78).

Muito frequentemente descrita com termos antropomórficos, a casa é o alicerce do humano, devido à ossatura que a sustenta em pé. "A casa inteira é, por assim dizer, a 'pedra angular' da personalidade" (Royer, 2001b, p. 9). Construída pela mão do homem, ela é afinal o que constitui sua carapaça. Para Houzel (1988, p. 39), o hábitat constitui um folheto do envoltório psíquico; sem ele, sem lugar determinado, a errância então ocupa o espaço da psique. O hábitat é o receptáculo do que cada ser humano colocará nele. A casa é habitada, decorada, organizada, às vezes assombrada pelas personalidades que nela vivem. É o lugar onde a experiência da propriedade e do compartilhamento se desenvolve. Certas portas da casa podem permanecer fechadas, atraindo o olhar indiscreto da criança. Certos cômodos são reservados para o sossego, o relaxamento, as refeições familiares, a higiene e a intimidade. Os porões muitas vezes geram estresse, pois não só é preciso descer para chegar a eles, mas também por serem escuros e úmidos; os sótãos são sempre lugares de descoberta, nos quais muitos vestígios de existências estão armazenados, e que nos aproximam de nossos ancestrais por nos alçarem para a luz celeste.

> E pedir a alguém que desenhe uma casa é indiretamente pedir-lhe que revele sua intimidade, o que ele possui, o que está nas profundezas de si mesmo. Para fazer isso em duas dimensões, o "proprietário" precisa sair de sua casa (sair de si mesmo) e colocar-se no lugar do espectador, olhando-se, mais ou menos como num espelho, na fachada de sua casa (Royer, 2001b, p. 10).

Por fim, a casa fundamenta o ser, dá-lhe sentido na sociedade e na humanidade, proporciona-lhe uma base subjetiva pela qual a filiação pode instaurar-se. Assim, toda representação da casa será o testemunho simbólico da totalidade desses aspectos, individuais e coletivos. Entretanto, nem todas as casas são representadas de modo similar: às vezes algumas criações artísticas simbolizam a casa sem que ela seja claramente identificável. A gruta, o *trailer*, os veículos de toda espécie também são continentes nos quais

III – Desenho da casa

é possível o indivíduo alojar-se e fazer sua personalidade existir. O desenho da casa permite, ainda, que a criança ou o adolescente se experimente em identidades múltiplas, reflexos do local onde se sentirá tão bem quanto possível, protegido e respeitado em sua intimidade.

1.2 Localização espacial de si no desenho da casa

A criança desenha uma estrutura que tem na cabeça, em sua memória corporal interna; isso explica por que as crianças, tanto morando em edifícios como as da África, num primeiro momento sempre desenhem um mesmo esquema, a mesma estrutura. A palavra estrutura poderia ser entendida de diversas maneiras; adotaremos somente uma: a de esquema corporal (Soulé, 1988, p. 53).

A casa é um espaço de projeção de si em que o corpo e o eu estão lado a lado. Além disso, cada cômodo que a constitui é um lugar de construção fantasística e de projeção pulsional. Soulé (1988, p. 56) descreve o espaço e a zona erógena que lhe está associada, por exemplo, a cozinha e a oralidade, o alimento; o banheiro e a analidade, espaço de defecação; o quarto parental e a sexualidade; os quartos de criança e o espaço pulsional. Portanto, é possível experimentar na casa as diversas fases da construção psíquica que alicerçam nosso sentimento de identidade pessoal. Então, "a casa é o lugar onde o indivíduo pode retirar-se de tudo para sentir pulsar seu coração" (Royer, 2001, p. 14). A casa consolida-se ao longo dos anos: vai se tornando mais sofisticada com as diferentes experiências de vida.

Costumamos aceitar o valor antropomórfico das primeiras casas infantis, nas quais as janelas servem de olhos, a porta, de nariz, o caminho, de boca e o teto triangular, de chapéu. Essas casas, denominadas "pré-casas" por

63

Arno Stern (1966), constituem representações simbólicas em que corpo e rosto são reconhecíveis. As paredes da casa são o espelho da percepção que tem a criança de poder encontrar refúgio em si mesma, de poder aconchegar-se em seu espaço psíquico, de sentir a nidação relacional e afetiva em seu seio. A partir dessas formas básicas, a criança estrutura-se e estrutura seu pensamento numa formulação mais complexa que lhe permitirá sentir, ressentir e expressar o que ela é intimamente.

2 Evolução do desenho da casa

2.1 Algumas características gerais

Dolto (1982) fez uma descrição detalhada da evolução do desenho da casa pela criança quanto às formas gráficas utilizadas. Num primeiro momento, a habitação é uma casa com contornos arredondados; é denominada *casa cônica*[2], porque sua forma lembra as medas de feno de antigamente (Desenho 9). Seus componentes são relativamente rudimentares: possui apenas uma portinha perto da base e uma janela tipo vigia, arredondada, diretamente acima da porta. Nesse nível ainda não se trata da pré-casa com características antropomórficas descrita por Stern (1973).

Depois a forma básica da casa cinde-se em duas partes: de um componente único, a casa ganha corpo e estrutura. Esta frequentemente é quadrada, enquanto o teto, triangular, ergue-se para o céu. A casa cônica torna-se *casa--de-Deus*, pois corresponde ao período em que a criança manifesta atitudes autoritárias: testa os limites educativos parentais. Certas crianças permanecerão algum tempo

---

2. No original, *maison-meule*, ou seja, casa-meda [N.T.].

III – Desenho da casa

Desenho 9 – A casa cônica

nessa posição opositora e mesmo provocativa, e poderão aperfeiçoar-se na representação estritamente triangular da casa em forma de barraca ou de tenda indígena. Outras desenvolverão uma área de excelência na criação gráfica de monumentos, como campanários, igrejas ou torres de vigia. A casa-de-Deus corresponde à *pré-casa*. Nessa fase gráfica, há dois avanços: a criança não só adquire a capacidade de representar com formas simples um objeto que será reconhecido por seu círculo de adultos, mas também descobre pessoalmente o caráter humano de sua criação.

Em seguida, a base da casa amplia-se, a criança opta por formas mais retilíneas, a construção assume um contorno retangular e um teto trapezoidal. Trata-se então da *casa social*, mais correspondente às casas tradicionais. A casa social vem acompanhada de toda a precisão do desenho na execução das paredes, mas também do entorno. Assim, são acrescentadas outras casas, como casinhas de cachorro, por exemplo. Alguns desenhos de casas fornecerão ao clínico valiosos elementos com relação ao nível defensivo da criança. Podemos observar variantes da casa social nos castelos fortificados em que o trapézio do teto é substituído por ameias denteadas e com torres de vigia inspiradas na casa-de-Deus (Desenho 10). A imagem corporal parece ser objeto de defesa: a ponte levadiça só pode ser baixada por vontade do proprietário da fortaleza, por sua vez protegida por um fosso pantanoso infestado de dragões e outros animais ferozes. Só poderão ter acesso ao sujeito aqueles que tomarem de assalto a muralha e travarem batalha com o senhor que ali reina absoluto.

Desenho 10 – O período dos castelos fortificados
e seu imaginário, por uma menina de 6 anos

III – Desenho da casa

2.2 Evolução em função das idades

O desenho da casa passa por uma evolução em função da idade, mas também é possível identificar períodos da existência mais e menos marcantes para a criança.

2.2.1 Período fetal

É evidente que nesse período as crianças não deixam traços gráficos de si mesmas. Em contrapartida, durante o exame psicológico com a criança ou o adolescente, por ocasião do desenho da casa podemos reconhecer traçados que lembram a importância desse período. O desenho da casa remete o sujeito ao que sente intimamente sobre si, bem como a suas relações com os outros. Quando uma criança sente necessidade de refugiar-se num casulo protetor onde nenhuma agressão do exterior poderá ocorrer, vai desenhar casas com características rudimentares nas quais reinam o silêncio e o isolamento.

Essas casas com formas arredondadas, envolventes e malfeitas atestam uma estratégia de fuga-evitamento que expressa a regressão. A produção gráfica dá a impressão de inacabamento, de imprecisão. A criança ou o adolescente pode comentar a casa desenhada declarando: "minha casa é o ar", "ela sai voando, se evapora", ou ainda, "é um buraco fundo onde se pode descansar" etc. Representações desse tipo nos alertarão para tendências depressivas e eventuais passagens ao ato; convirá então complementá-las com ferramentas clínicas apropriadas.

2.2.2 Fase oral

Estamos tratando de um desenho de casa que faz referência à fase da oralidade, tradicionalmente localizada entre 0 e 1 ano de vida. Essa fase corresponde no bebê ao direcionamento para o prazer da descoberta ou, inversamente, ao refúgio numa forma de isolamento, de ruptura com o mundo. O desenho da casa que traduz essas tendências se expressará respectivamente por casas muito grandes invadindo toda a página, nas quais será buscado o prazer da descoberta e do despertar para os sentidos, ou na recusa de tomar contato com o mundo exterior, quando então a casa geralmente será pequena, minúscula, perdida numa página angustiante pelo vazio que apresenta.

Nesse prazer de descobrir, a fase oral é também o prazer da amamentação materna; a casa parece anichada em formas arredondadas que lembram facilmente os seios da mãe. Também poderão ser encontradas muitas referências ao alimento, como árvores frutíferas ao redor da casa, um bolo fumegante no parapeito de uma janela etc. Em adolescentes que apresentam distúrbios do comportamento alimentar, o desenho da casa quase sempre faz referência à fase oral. É possível, por exemplo, ver casas sem orifícios, que não permitem engolir nem regurgitar. Nesse caso, a casa aparece num vazio existencial flagrante, separada do mundo e de todo relacionamento, parecendo debater-se numa imensidão deserta. Inversamente, a casa pode ser engolida numa profusão bulímica de cores, de elementos variados e abundantes. O preenchimento então representado costuma ser inadequado e expressa as dificuldades reais em estabelecer uma comunicação autêntica com o mundo social.

A fase oral destaca-se pela confecção mal-acabada da produção gráfica; a grafomotricidade mostra-se entravada e não fina. A criança ou o adolescente que desenhar uma casa característica desse período psíquico geralmente faz referência às dificuldades relacionais e afetivas sentidas durante essa fase.

III – Desenho da casa

2.2.3 Fase anal

Se considerarmos a fase anal como a da *experiência da higiene*, podemos ver nela duas tendências gerais que se expressam no desenho da casa. Antes de aprender a controlar seus esfíncteres, a criança sente em primeira instância o *prazer da defecação*. Esse prazer encoprético encontra correspondências num desenho de casa sujo, de caráter essencialmente sensorial. As linhas são espessas, escorridas. O sujeito que desenha uma casa que atesta a fase anal frequentemente está com as mãos sujas e enegrecidas no final de sua produção. Observa-se uma culpabilidade que aumenta com a idade da criança que o realiza. As junções das portas e janelas geralmente são escurecidas e mesmo obturadas, expressando um sentimento de angústia presente diante desse aumento pulsional que invade o campo do pensamento e a qualquer momento pode transbordar num fluxo de agressividade. Assim como a fumaça da chaminé, o caminho da casa pode ser tortuoso. Ele representa simbolicamente o percurso intestinal dos excrementos. Nessa etapa da fase anal as cores também são marcantes, tendendo para o preto e o marrom.

Mas a conclusão da fase anal é também a aprendizagem da higiene, o controle dos esfíncteres e a *valorização da retenção*. Quando num desenho da casa um adolescente demonstrar essa etapa da fase anal, o exame psicológico se direcionará para uma possível *neurose obsessiva*. A casa assim produzida tem aspecto estrito, a frieza é geral. A criança se corrige para traçar uma casa muito retangular, na qual nenhum erro deve aparecer; com muita frequência pedirá para apagar o que acaba de produzir e tentará várias vezes, a fim de chegar a um conjunto rígido que pareça perfeito.

2.2.4 Fase fálica

Um desenho de casa que traduz a fase fálica corresponde a uma produção em que "a agressividade está latente sob comportamentos passivos e pueris" (Royer, 2001, p. 322). São numerosos então os elementos com simbólica fálica, como chaminés muito detalhadas, tubos, estacas, fontes ou jatos de água. O exame da criança retomará os diversos elementos do período entre os 18 meses e os 3 anos de idade, durante os quais a estruturação psíquica pode ter sido perturbada por um evento ou por relações afetivas particulares.

Mas, paralelamente à fase fálica, alguns desenhos de casa podem fazer referência ao que Royer (2001, p. 322) denominou *estádio locomotor*, característico da aprendizagem da marcha. Encontra-se uma evocação dessa etapa do desenvolvimento especialmente nas crianças que apresentam um déficit motor e não adquiriram a marcha. Nesse caso, a harmonia global do desenho parece rígida, o espaço e as perspectivas são distorcidos, há pouca sugestão de movimento, todo deslocamento que possibilite contato com o outro parece ausente da casa.

2.2.5 Édipo

O período edipiano é o da excelência da casa. Depois das primeiras linhas, depois das primeiras figuras humanas, a casa aperfeiçoa-se essencialmente nessa etapa da construção psíquica. A partir dos 5 anos de idade, a casa se apoia na borda inferior da página e paralelamente o traçado de uma forma retangular fechada marca seus contornos. Tradicionalmente, a criança de 5-7 anos expressa no desenho o equilíbrio que percebe em sua vida afetiva e familiar. Em geral, a casa é totalmente social, com uma chaminé fumaçando, um retângulo para a ossatura, um

III – Desenho da casa

triângulo para o teto, bem como janelas e uma porta corretamente posicionadas. Ao edifício vem somar-se o cenário externo, composto de um sol com valor simbólico paterno (a casa representa o seio nutriente), alguma vegetação e também pássaros em V. Habitualmente, constata-se mais imaginação entre as meninas e um desenho menos expressivo entre os meninos, o que corresponde à aceitação social da gestão das emoções.

2.2.6 Período de latência

O período de latência é o momento da representação realista. Então os detalhes, as estruturas, os elementos do desenho da casa resultarão da observação da criança, que já não desenhará uma casa, e sim, quase sempre, *sua* casa. Todas as capacidades e todas as vivências de integração social são expressas pela casa produzida. O desenho não terá mais como objetivo mostrar suas fantasias arcaicas, seus devaneios ou desejos secretos. A linha de solo torna-se "um bom índice de representação adaptada à realidade" (Nguyên, 1989, p. 80).

A casa social vai se aperfeiçoando: por volta dos 10 anos ela é, muitas vezes, uma casa em perspectiva que ganha uma dimensão de volume. Os elementos que podem atrair nossa atenção dizem respeito às cores preferidas e aos métodos de preenchimento do desenho pela criança.

2.2.7 Adolescência

A casa em perspectiva passa a ser a mais característica. O objetivo é representar sua casa com o maior realismo possível. Uma prova gráfica como o desenho da casa por um adolescente apresenta vários pontos de interesse. Por um lado, podemos observar elementos perceptivo-cognitivos relacionados com sua própria casa, mas, por outro lado, é possível ver mecanismos defensivos reavivados por esse período identitário, especialmente nos fenômenos regressivos das fases anteriores, bem como o posicionamento de sua casa num espaço social aberto ou fechado. Alguns adolescentes cercam-na com uma barreira tão cerrada que é difícil chegar a ela.

2.3 Casas que refletem dificuldades psíquicas

2.3.1 Influência dos distúrbios afetivos sobre o desenho da casa

O distúrbio afetivo caracteriza-se por dificuldades relacionais durante a infância – dificuldades que ocasionaram carências de cuidados, rupturas ou separações iterativas do meio familiar. Na relação confiança-exploração do ambiente, a criança não pôde elaborar um modelo interno operante fundamentado na segurança das trocas afetivas (Desenho 11). Quando o adolescente sofreu carências afetivas precoces, frequentemente a elaboração da autoimagem corporal apresenta anomalias no que ele sente sobre si mesmo. Autoestima, adaptabilidade, nível de angústia são elementos que podem emanar das linhas do desenho.

Em situação de trauma na relação com o outro na infância, os desenhos da casa traduzem o reaparecimento dos sofrimentos escondidos. Os traçados que quase sempre se observam são constituídos de anomalias que saltam aos olhos; pode haver esquecimentos evidentes (falta de porta de entrada, falta de escada num sobrado etc.). Algumas formas podem ser vistas como aberrantes, porque sua presença no desenho parece totalmente incongruente. O ambiente caótico do desenho simboliza a instabilidade do relacionamento afetivo vivenciado. Também é possível observar traços sem firmeza, inibidos e incertos, como a relação provavelmente foi anteriormente. Entre os elementos

III – Desenho da casa

Desenho 11 – A casa monstruosa, por uma
menina de 6 anos

que indicam um eventual distúrbio na criança, destacamos o do traço formando as paredes da casa quando a base está aberta, sem apoiar-se na borda inferior da página (Nguyên, 1989, p. 80).

O desenho da casa atesta uma regressão importante, com áreas mais ou menos bem delimitadas pela criança e que têm valor de localização do conflito psíquico. Podem-se encontrar os seguintes desenhos: fundações da construção mostrando uma fissura mural ou uma rachadura; também as paredes e o corpo da casa, lembrando as somatizações; espaços de abertura para o exterior impedidos, com obturações, ou ainda teto afundado, esburacado, não permitindo a conquista da autonomia.

2.3.2 Desordens relativas à casa

Em alguns casos, a casa pode fazer referência à ausência de continuidade do ser. Soulé (1988) declara que "construir sua casa é reparar sua mãe, é refazê-la, às vezes com uma obstinação nefasta" (p. 56). Algumas crianças refarão o desenho da casa muitas e muitas vezes, sempre insatisfeitas com o objeto obtido, que nunca corresponde à realidade nem ao ideal delas. Estamos pensando aqui nas crianças ou nos adolescentes que passaram por múltiplas mudanças de casa ou que precisamente acabam de mudar de onde moravam. Alguns expressarão sua dificuldade de adaptar-se a um novo ambiente fazendo de seu desenho um lugar de angústia de separação (Desenho 12). A casa pode tornar-se mortífera, ou assumir valor de tristeza e de saudade (a casa chora), ou ainda, ser assombrada por numerosos fantasmas, associados às porções íntimas de si mesmo perdidas na mudança de moradia.

Desenho 12 – "É a casa de um pobre menininho da Albânia"

III – Desenho da casa

3 O teste do desenho da casa segundo Royer

O desenho da casa formulado como teste projetivo para facilitar a avaliação psicológica da criança ou do adolescente conheceu várias tentativas; as primeiras permaneceram em estado de projeto, ou então não receberam interpretação quantitativa ou validação estatística. Em 1948, Françoise Minkowska direciona seus trabalhos para o desenho da casa como símbolo do eu e do núcleo familiar em seu caráter rejeitante ou acolhedor. Ela propõe então um teste projetivo em que a evocação da casa está associada a valores simbólicos a serem apreciados de um ponto de vista clínico, fundamentados no fator sensorial *versus* racional. A casa de uma criança com tendência sensorial seria mais voltada para o cenário, o mundo circundante, sem ter uma forma específica. Já a casa de uma criança com tendência racional seria muito precisa quanto à forma, aos detalhes, mas sem ligação com o mundo exterior.

Não há uma pontuação padronizada na prova criada por Minkowska (1949). Depois dela, Corinne Ribault (1965) apresenta um teste da casa com uma escala que permite o cálculo de um escore em função do número de elementos presentes. A partir de uma escala composta de 66 itens, são observados diversos elementos da casa, tais como as dimensões e proporções, o teto, o posicionamento da chaminé, sua presença ou ausência, o número e a forma das janelas e das portas, bem como as paredes que compõem a construção desenhada.

Em 1989, Jacqueline Royer apresenta um teste do desenho da casa baseado num método quantitativo e numa abordagem qualitativa, para crianças e adolescentes. A criança que houver recebido a instrução de desenhar uma casa efetua toda uma trajetória mental. Ela vai, por antecipação, prever em seu desenho certos elementos associados a imagens mentais provenientes tanto de seu ambiente diário como de seu inconsciente imaginário. Sob efeito pulsional, vai transpor sua imagem para o papel, ao mesmo tempo indo e voltando sobre a obra produzida, que no final se construirá conjuntamente com as representações e afetos e com a percepção do gesto realizado (Desenho 13).

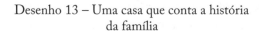

Desenho 13 – Uma casa que conta a história da família

A apreciação clínica do desenho assim realizado será feita de acordo com três eixos básicos, definidos por Royer (2001, p. 54): o *valor expressivo* do desenho, a *harmonia global* da produção e a *originalidade* de cada obra produzida. O teste da casa segundo Royer apresenta toda uma metodologia muito precisa, da qual exporemos aqui apenas as características principais. Evidentemente, para cada prova gráfica apresentada no presente livro convém remeter-se a seu criador, caso se queira fazer bom uso dela.

III – Desenho da casa

3.1 Metodologia

As instruções para o teste são relativamente simples para a criança ou o adolescente: "Você vai desenhar nesta folha uma casa; vai desenhá-la como quiser, tão bem quanto puder. Pode dar-lhe um nome ou escrever uma explicação sobre ela, se quiser" (Royer, 2001, p. 16). Algumas perguntas virão precisar os diversos elementos do desenho obtido: "1) Explique seu desenho para mim. 2) Você gosta dessa casa? Por quê? 3) Você conhece uma casa como essa? Onde ela fica? Quem é o dono dela? 4) Quem talvez more nessa casa? Onde você coloca (os personagens citados)? Onde talvez estejam (os representantes da família não citados)? 5) O que é isto? (retomar os detalhes insólitos do desenho)" (Royer, 2001, p. 27).

Como em outros testes, deve-se anotar o tempo de resolução das instruções, detectar uma eventual hesitação antes de desenhar ou ainda um tempo de parada durante a realização, que, segundo Royer (2001), expressam a possibilidade de um conflito psíquico relativo ao último objeto desenhado. Além disso, será necessário anotar por qual elemento a criança inicia seu desenho, bem como a ordem das cores utilizadas. Os critérios de observação do desenho livre podem ser aplicados aqui.

Às vezes ocorre que o sujeito se recusa a efetuar a tarefa proposta. A recusa poderá ser interpretada de dois modos. Por um lado, pode se tratar de uma atitude opositora ou mesmo provocativa, a ser relacionada com o período de construção psíquica da criança; por outro, isso pode expressar uma dificuldade importante no relacionamento familiar. Evidentemente, essa recusa será anotada e as instruções podem ser redirecionadas para uma imagem menos implicante para a criança, como, por exemplo, o desenho da casa de um animal de que ela goste.

3.2 Protocolo de estudo do desenho da casa

A autora apresenta um protocolo em quatro partes, começando pelo *levantamento dos signos presentes* no desenho, seguido pela *interpretação simbólica*, clínica, dos signos registrados. A terceira parte trata de *pontuar numa tabela* fornecida no manual de Royer[3] (2001) todos os signos presentes. Por fim, a última etapa consistirá em *redigir uma síntese* da obra realizada. As tabelas de pontuação elaboradas pela autora apresentam muitas qualidades. De fato, a partir de comparações estatísticas, é possível avaliar as capacidades da criança em termos de conhecimentos e de grafomotricidade. Por esse teste podemos estimar o nível de inteligência do desenhista, sempre em função de escores padronizados; estes possibilitam inclusive que seja feita, durante o exame psicológico, uma distinção entre um desenho que indica uma regressão afetiva e uma casa que mostra um déficit cognitivo.

3.3 Alguns elementos para a interpretação do desenho da casa

A atitude geral da criança no momento das instruções, durante a realização da obra e após sua conclusão é um elemento interpretativo fundamental no contexto do exame psicológico. Algumas características orientarão as hipóteses clínicas.

Um tempo de latência de mais de 30 segundos antes de iniciar o desenho é anormal. O tempo total de execução varia de um caso para outro: os psicóticos levam pouquíssimo tempo ou muito tempo; os maníacos e os obsessivos são mui-

---

3. Este manual não foi ainda validado no Brasil. Para consultar os testes com os respectivos manuais considerados favoráveis pelo Conselho Federal de Psicologia, cf. Sistema de Avaliação de Testes Psicológicos (Satepsi), em https://satepsi.cfp.org.br/ [N.E.].

III – Desenho da casa

to lentos; já os psicopatas são muito rápidos, pois tendem a desleixar sua produção (Royer, 2001b, p. 16).

3.3.1 Concepção global do desenho

Antes de abordar os detalhes do desenho, é de grande interesse observar a localização da casa no suporte papel. Assim, quando um desenho toma a borda inferior da página como base da casa, seu sentido psicológico será completamente diferente se o desenhista tiver 5 anos de idade ou se for adolescente. Quando um adolescente não chega a apoiar sua casa sobre uma linha, isso quase sempre mostra uma forma de imaturidade afetiva e falta de autonomia. Também o grau de acabamento do desenho nos orientará a respeito da criança. Se o desenho estiver desleixado ou, ao contrário, muito trabalhado e cheio de detalhes, isso atestará o interesse da criança ou do adolescente em mentalizar a casa e seu valor simbólico materno. A simetria será observada com relação ao equilíbrio afetivo e mental do sujeito.

Nguyên (1989) propõe que se considere o nível de representação da casa no desenho. Trata-se então de considerar o tipo de casa desenhado em seu aspecto original ou não, personalizado (uma casa troglodita, uma cabana, uma casa moderna toda de vidro, com vários pavimentos como uma casa-de-Deus etc.). Inversamente, a casa produzida pode ser notada como muito banal em seu todo, sem acréscimos que impliquem uma projeção. As dimensões serão verificadas em termos de superfície, de proporcionalidade com relação aos elementos externos. O sentido da folha para o desenho da casa é levado em conta: vertical (expressando uma forma de originalidade) ou horizontal (uso majoritário). Quando as perspectivas apresentam a casa com duas fachadas visíveis, pode-se aventar a hipótese de uma maturidade mais avançada.

3.3.2 O traçado da casa

Focalizamos aqui as formas preferenciais do desenhista, segundo tendam a ser retilíneas ou em curva. A qualidade do traçado será objeto da interpretação em termos de clareza, rapidez e dinamismo de realização, de precisão e espessura. Toda aspereza no traçado será analisada quando, por exemplo, houver uma ruptura de traço, uma área de papel fortemente imprimida pelo lápis ou pela caneta hidrográfica, locais eventualmente dobrados, ocultados ou rasgados. Cada irregularidade do traçado corresponderá a uma etapa conflitual na realização do desenho da casa.

3.3.3 O teto, sua estrutura e a chaminé

O *telhado* é observado em todas as suas eventualidades: disparidades, buracos, mudanças de cor, proporções com relação ao corpo da casa, sofisticação (várias águas), formas imaginárias ou racionais. Todos os elementos acessórios da estrutura serão anotados: calhas na beira do telhado, goteiras ou gárgulas, parabólicas, antenas de televisão, relógios de sol, cata-ventos, águas-furtadas etc. Todos esses acessórios parecem apresentar duas funções: de um lado, a atitude defensiva na qual a casa se fecha e, do outro, a evacuação dos afetos desagradáveis.

A *chaminé* é considerada como expressão de uma certa maturidade e de uma forma de equilíbrio afetivo. Tomada como símbolo fálico, torna-se espelho do nível de maturidade sexual da criança. Serão registradas no desenho sua presença, ausência ou número excessivo, a localização na vertente do telhado, bem como as dimensões. Estas poderão servir de indício em caso de perturbação de ordem sexual, quando a chaminé é muito grande com relação à casa toda ou ainda quando se observam escurecimentos no momento de sua realização. Evidentemente, a entrevista precisará essa indicação.

III – Desenho da casa

A chaminé é também o que a vida no interior da casa deixa aparecer no exterior; portanto, é testemunha do calor interior do lar. A presença ou ausência de fumaça será levada em conta, bem como sua forma e direção. Geralmente a fumaça é associada ao equilíbrio emocional do sujeito, na medida em que representa o meio-termo entre a "tensão interna e a pressão do meio circundante" (Nguyên, 1989, p. 93). Sob esse aspecto, Stern declara, a respeito da fumaça, que "todas as emanações são expressivas de dinamismo" (Stern, 1966, p. 74).

3.3.4 As paredes, o corpo da casa

A *comunicação sensorial* é indicada aqui pelas *paredes* da casa. A primeira medida consiste em observar a presença ou não de uma distinção entre o corpo da casa e o teto. De fato, algumas crianças não farão essa diferença, desenhando casas que são tendas indígenas, iglus, barracas etc. Nesse caso, as hipóteses clínicas serão elaboradas em função da idade do desenhista. A forma preferencial da casa será anotada quanto a sua tendência retangular, arredondada, triangular ou sem correspondência de forma. Por fim, serão observados os detalhes referentes ao corpo da casa, tais como os diversos materiais para as paredes (tijolos expressam minuciosidade obsessiva; vidro possibilita a transparência e o voyeurismo etc.).

Nas paredes, todas as *aberturas* também assumirão valor significante. Assim, as *portas* e sua localização, seu tamanho, sua forma, os acessórios que permitem utilizá-las (maçaneta, campainha, sino etc.) nos informarão sobre a possibilidade de entrada e saída, sobre o espaço de comunicação possível. A presença de obstáculos para entrar na casa será levada em conta (escadas, pontezinha, monte de areia etc.). Às vezes, a escada para se chegar à casa assume o valor de um caminho composto de formas retangulares.

Convirá assegurar-se de que a casa desenhada não corresponde à realidade habitacional da criança.

As *janelas* têm valor de área de trocas e de comunicação, porém de um modo mais discreto e mais protegido, principalmente por venezianas, toldos ou cortinas. Assumem duas funções: decoração e proteção. Seu número será anotado; algumas crianças representam casas com uma imensa quantidade de janelas, o que às vezes pode indicar seu desejo de olhar para o exterior sem, por sua vez, ficar sujeitas a olhares hostis. A forma dessas aberturas contribuirá para a interpretação; janelas circulares sugerirão navegação e viagem. Todos os detalhes podem adquirir sentido quando se trata de venezianas fechadas, obturando o campo de visão sobre o mundo circundante, ou ainda quando as janelas são representadas com muitas grades, como um lugar de reclusão. Às vezes é possível ver atrás das janelas silhuetas; convirá esclarecer com o desenhista.

3.3.5 Paisagem exterior

A *localização* da casa num cenário específico também nos informará sobre o *modo perceptivo* da criança. Tudo o que rodeia a casa, o entorno no qual é desenhada terá valor de significação; igualmente a ausência de entorno. Na análise da paisagem externa, é necessário considerar tanto os aspectos quantitativos, em termos de objetos representados, como o aspecto qualitativo desses elementos. A apreciação do desenho recorrerá a diversos eixos de observação: disposição dos elementos entre si, a simbólica de cada objeto representado, proximidade ou afastamento dos objetos, suas eventuais interações, as diversas perspectivas, os relevos, as linhas de horizonte, bem como os volumes dos elementos do desenho.

A *vegetação* ao redor da casa seria, segundo Nguyên (1989), sinal de uma "tentativa consciente de disfarçar ou canalizar uma leve ansiedade" (p. 95). Do mesmo modo, as árvores nas proximidades da casa seriam personagens

III – Desenho da casa

disfarçados, será preciso levar a criança a identificá-los durante a entrevista.

O *sol*, com sua simbólica consensual de autoridade paterna, vem mostrar a importância desta no psiquismo da criança, conforme o traçado acentue ou não sua presença. As nuvens podem toldar ou escurecer a presença do astro solar, indicando quase sempre uma certa ansiedade do desenhista. Os relevos produzidos no fundo do desenho têm valor de informação sobre o nível defensivo. Evidentemente, todo elemento degradante (latas de lixo, mau odor simbolizado por linhas onduladas etc.) será manifestação de agressividade e de sentimento de raiva.

A presença e a forma do *caminho* foram estudadas com frequência nas pesquisas sobre o desenho da casa. Stern (1966) fala de "uma relação orgânica existente entre a casa e o caminho, prolongamento da porta. Aliás, muito frequentemente esses dois elementos são pintados da mesma cor" (p. 70). O caminho parece expressar o impulso relacional da criança. Algumas aleias rodearão a casa, outras estarão desencontradas da porta de entrada, o que mostra uma descontinuidade entre o eu e o mundo exterior. Alguns caminhos são de grande circulação ou são travessas, sem nunca chegarem à casa; outros interligam duas casas. Também é possível observar casas das quais dois caminhos saem em sentidos opostos, um para a esquerda do passado e da infância, e o outro para a direita do futuro.

3.3.6 As cores do desenho

A cor é objeto de expressão de si, dos afetos e das emoções. Royer (2001) especifica em seu manual que, em relação às cores, existem três tendências. As *cores quentes* (amarelo, vermelho e laranja) correspondem a tudo o que é do âmbito da expressão externa dos afetos. Essas cores são dinâmicas e representativas da ação. Inversamente, as *cores frias* (azul, violeta e verde) são as da introspecção, do olhar calmo e ponderado para si e para o mundo. As *cores "neutras"* (preto, cinza e marrom) estão associadas ao choque, ao trauma, à dificuldade de expressão dos afetos. Portanto, na observação do desenho da casa, será preciso averiguar quais as cores escolhidas pelo desenhista, sua localização e também sua quantidade e a organização com a cor de fundo do suporte. Entre as particularidades referentes às cores, será preciso anotar quando os contornos dos objetos estiverem reforçados ou sistematicamente efetuados, principalmente com caneta hidrográfica preta, quando os objetos estiverem sombreados ou esbatidos, quando as cores estiverem misturadas, repassadas uma sobre a outra etc.

3.3.7 Bizarrices e outras anomalias

Em todo desenho, qualquer que seja a temática, é possível constatar anomalias. Com relação à casa, pensaremos numa anomalia quando a criança representar outra coisa que não uma construção, bem como se ela apagar ou destruir o desenho produzido. Além disso, quando a criança ou o adolescente cumprir as instruções iniciais desenhando várias casas, ou ainda quando a casa apresentar elementos disparatados, fragmentados ou desproporções evidentes, a anomalia será anotada.

> Começar por um elemento exterior à casa ou por um detalhe dela é uma anomalia. [...] Desenhar em último lugar as janelas inferiores e principalmente a porta indica, segundo Buck, ou uma repulsa aos contatos com as outras pessoas ou uma tendência a afastar-se da realidade (Royer, 2001b, p. 17).

Se o estudo do desenho da casa nos informa a respeito da construção psíquica interna e relacional da criança ou do adolescente, muitas vezes associar o desenho da figura humana e o desenho da casa dará a oportunidade de traduzir para a criança suas representações quanto ao funcionamento familiar.

IV

Desenho da família

1 Os diversos testes do desenho da família

Quando já adquiriu a noção de representatividade, a criança pode, com auxílio dos desenhos da figura humana e da casa, criar graficamente uma família, que será então o reflexo de seus afetos relacionais com seu meio familiar real. Desse modo, necessidades, carências ou pontos nevrálgicos relacionados com as funções familiares "de proteção, segurança, garantia de uma construção identitária da criança" poderão eventualmente transparecer na produção gráfica e assim interpelar o clínico (Vinay; Zaouche Gaudron, 2017, p. 15). No contexto do exame psicológico, pode ser proveitoso para a avaliação clínica propor o desenho da família. Uma produção assim realizada corresponde a um teste de personalidade cuja interpretação se baseará nos mecanismos associados à projeção. As relações familiares vão impregnar a criança na construção de seus modelos internos operantes e o desenho mostrará seu sistema de apego – hiperativado, inibido ou seguro.

As instruções para pedir à criança ou ao adolescente que desenhe uma família são relativamente simples e pouco estruturadas, para que se projete facilmente. Hipóteses clínicas a respeito das necessidades, fantasias, regressões da criança poderão ser levantadas em estreita relação com o sistema familiar. Muito mais do que pela família real, o psicólogo se interessará pelas características dessa família gráfica; depois, *a posteriori*, poderá efetuar comparações com a família real, eventualmente constatando com isso as semelhanças e dessemelhanças. Será dada especial atenção ao primeiro personagem desenhado, pois essa primazia lhe confere um valor simbólico significativo para o desenhista. Evidentemente, o lugar projetivo consciente da criança no desenho virá complementar as hipóteses interpretativas.

> Como para o desenho da figura humana, observam-se os sinais que remetem à diferença entre os sexos e à diferença entre as gerações.
> A comparação entre as figurações do personagem humano no desenho da figura humana e nos dois desenhos da família frequentemente dá indicações interessantes (Debray, 2000, p. 27).

2 O teste do desenho da família segundo Corman (1961)

2.1 Aplicação do teste

Parte de uma técnica extremamente simples, trata-se de propor à criança ou ao adolescente que desenhe uma família. O material será previamente disposto sobre uma mesa: uma folha de papel branco, um lápis preto e também lápis de cores. Antes será preciso comprovar que a criança se sente em segurança para realizar o teste e que está em situação tanto de conforto material como de confiança relacional com o clínico.

Esse postulado implica que o teste do desenho da família não pode ser proposto já na primeira sessão, já na primeira entrevista do exame psicológico. Há risco de uma

IV – Desenho da família

criança a quem o momento da aplicação cause insegurança expressar no desenho esse sentimento, seja remetendo-se a sua família real, se esta tiver um caráter tranquilizador, seja a uma família desestabilizadora ou mesmo assustadora, que seria então apenas a tradução do afeto sugerido pelas instruções recebidas.

Como em toda realização de um desenho no contexto do exame psicológico, é necessário que o psicólogo esteja presente, a fim de anotar todos os elementos marcantes da execução bem como a ordem de representação dos personagens e dos objetos do desenho. O empenho com que os personagens são desenhados também terá sua importância; os detalhes de cada figura humana serão cuidadosamente inventariados.

Evidentemente, não se trata de efetuar uma fiscalização ou qualquer tipo de pressão sobre a criança, e sim de não perder uma informação a respeito do que o desenho vai poder trazer. Durante a realização gráfica, o clínico não induz: incentiva com uma atitude empática, responde qualquer pergunta do desenhista ou ainda tranquiliza – e anota – quando um conflito psíquico parecer surgir na mente da criança.

2.2 Instruções

É claro que uma única instrução será dada à criança; mas, dependendo do teste do desenho da família proposto, a instrução varia um pouco. Alguns pedem para representar a família ou uma família que a criança conheça. Louis Corman (1961) prefere sugerir à criança que desenhe uma família, "uma família que você invente", ou "desenhe para mim uma família", ou ainda, "imagine uma família que você inventou e a desenhe" (Engelhart, 2008, p. 95). Para crianças ou adolescentes reticentes ou parecendo em dificuldade diante desse convite, é possível complementar indicando, por exemplo, "desenhe tudo o que você quiser:

as pessoas de uma família e, se você quiser, objetos, animais" (Corman, 1961, p. 18). Corman (1961) observou que, quando não se especificava diretamente à criança que desenhasse sua própria família, isso facilitava as projeções desta no desenho.

Toda e qualquer atitude de inibição será registrada pelo psicólogo, seja como reação inicial diante da instrução, sinal de desvalorização e subestima de si ("não sei fazer"), seja, durante a realização do desenho, no momento de representar um personagem da família imaginada com características projetivas consideráveis. A criança ou o adolescente que se sentir no mesmo espírito de sucesso e de competição que na escola também poderá duvidar de sua capacidade diante da qualidade de seu desenho; convém então explicar ao desenhista que o exame psicológico nada tem a ver com um sistema de notas como é praticado na escola.

Todas as *reações afetivas* da criança ou do adolescente durante a realização do desenho serão consideradas. Por exemplo, as quebras de traço que sugerirem um conflito, os momentos em que a criança ergue os olhos do papel para buscar o olhar salvador do clínico ou para encontrar inspiração a respeito de sua reflexão presente serão elementos a levar em consideração. Uma criança que declara ao psicólogo sua sede, um acesso de calor ou sua emoção, ou ainda que solta um profundo suspiro, está inconscientemente apelando para a atenção do clínico. O ritmo do desenho é interrompido, o que quase sempre indica um estado emocional importante.

2.3 Entrevista

Após a conclusão da obra, propõe-se à criança uma entrevista semidiretiva de pesquisa, na qual lhe é pedido que se expresse sobre sua produção, que defina seus diversos personagens. O objetivo dessa conversa é reduzir ao má-

IV – Desenho da família

ximo a parte de subjetividade interpretativa proveniente do clínico. Então ele reconhece o esforço participativo da criança ou do adolescente e lhe agradece seu desenho.

> De fato, o sujeito é quem está em melhor posição para saber o que quis expressar ao fazer seu desenho. Portanto, é a ele que se deve perguntar isso. Daí a necessidade da entrevista (Corman, 1961, p. 19).

No teste do desenho da família, mas também nos outros desenhos, é necessário indagar do autor seu grau de satisfação a respeito de sua criação gráfica. Isso dá indicações sobre o funcionamento de avaliação subjetiva, que deve ser relacionado com os níveis de autoestima e autoafirmação. Além disso, seja qual for a resposta, é aconselhável perguntar à criança o que ela modificaria se tivesse de refazer o desenho. Esse modo de introduzir a entrevista vem complementar amplamente as observações no momento da realização.

Então podem ser feitas as perguntas preparadas. São as seguintes: Essa família que você imaginou, você pode me falar sobre ela? Onde eles estão? O que estão fazendo? Você pode me apontar todas as pessoas, me dizer quem são, começando pela primeira que você desenhou? Cada pessoa dessa família terá sua função, seu sexo e sua idade explicados pelo desenhista. Podem ser feitas algumas perguntas sobre as preferências da criança pelos diversos personagens representados.

Corman (1961) especifica que seis perguntas sempre são feitas: 1) Qual é a pessoa mais simpática de todas nessa família? 2) Qual é a menos simpática de todas? 3) Qual é a mais feliz? 4) Qual é a menos feliz? 5) A cada resposta dada, pede-se à criança que a justifique (utilizando, por exemplo, a pergunta: Por quê?). 6) E quem você prefere nessa família? Por fim, pelo método das *preferências e identificações*, o clínico faz esta última pergunta: "Se você fizesse parte dessa família, que pessoa você seria?" A justificativa da resposta da criança sempre dá sequência a essa última pergunta (Widlöcher, 1998, p. 140). Em função do objetivo do exame psicológico e da situação da criança, é possível complementar a entrevista com outras perguntas que continuarão facilitando a comunicação e o diálogo com o desenhista.

Acontece regularmente as crianças não poderem separar-se de sua família real. Um desenho desse tipo certamente apresentará menos elementos projetivos; entretanto, a análise da interação e da ordem do traçado de cada figura humana será muito significativa para o exame psicológico. Mas geralmente se constata nos desenhistas uma tendência a entregarem-se ao imaginário, ao devaneio e à expressão do inconsciente. Em alguns casos, as crianças ou os adolescentes poderão dar livre curso a suas divagações gráficas, realizando uma família na qual não figuram, ou ainda na qual estão bem presentes, mas em outra posição (serão, por exemplo, o pai ou a mãe dessa família imaginária, o tio, a tia ou um dos avós; alguns serão até mesmo o animal de estimação da família). Esse teste permite que eles se experimentem em múltiplas condições, em diferentes níveis de desenvolvimento e de autoridade familiar.

2.4 Família imaginada e família real

Antes de passar à interpretação dos elementos do desenho, será feita uma comparação entre a família imaginada e a família real da criança ou do adolescente, "pois a maior ou menor fidelidade com que a criança, sob o disfarce de uma família inventada, reproduz sua própria família tem grande importância: toda omissão ou deformação de um

IV – Desenho da família

personagem é significativa de algum problema" (Corman, 1961, p. 22). O clínico pode então passar para a interpretação dos diversos elementos do desenho.

Em algumas situações, a criança terá representado estritamente sua família real. Nesse caso, durante a entrevista, é totalmente possível sugerir-lhe que em seu desenho ela poderia optar por ser outro personagem (então qual ela gostaria de ser também, além de seu lugar real?). Com muita frequência a resposta do desenhista nos mostra a que ponto o jogo das identificações está presente na composição familiar real.

3 Interpretação segundo o princípio do processo de identificação

Será feita uma observação muito particular do personagem familiar desenhado em primeiro lugar. Essa é quase sempre a pessoa mais significativa para a criança; é aquela por quem a família pode ser fundada. Geralmente é um personagem em estreita relação afetiva com a criança ou o adolescente, e é também um personagem identificante. O processo de identificação deve ser compreendido como uma imitação espontânea – não decorrente de uma aprendizagem – de um modelo complexo de sistemas integrados de comportamentos, que no início são os dos pais e permanecem relativamente estáveis ao longo do tempo (Mussen, 1980). São as identificações do passado que constituem a identidade do presente. Pela identificação o indivíduo torna-se capaz de ser o outro sem com isso perder-se no outro (Chiland, 1992).

Consideramos o processo de identificação como uma atitude cognitivo-afetiva, pois ela requer um trabalho no estabelecimento de uma relação simbólica ou real com o outro. Identificar-se com um modelo é, de imediato, saber-se diferente dele e procurar assemelhar-se a ele (Codol, 1980); mas é principalmente tentar apropriar-se dos "estados de objetivo" do modelo (Kagan, 1968) e, portanto, fornecer um escoramento suficiente para a implementação de projetos de vida. Assim, o sentimento de valor pessoal e o acesso à representação de si baseiam-se nas identificações da infância, assim como todas as da vida.

Essa definição do processo de identificação permite-nos compreender melhor o próprio interesse do desenho da família nas escolhas representativas da criança ou do adolescente. Diante de um conflito pessoal ou relacional qualquer, o desenhista deixará transparecer em sua criação, por meio de diferentes operações gráficas referentes à identificação, o que lhe suscita angústia. A valorização, ou seu contrário, de um personagem da família será uma dessas operações.

3.1 Valorização do personagem principal

Esse princípio de valorização, característico do processo de identificação, parece traduzir no jovem desenhista relações (simbólicas ou reais) particulares com o personagem valorizado. Esse primeiro membro da família gráfica é o mais importante nas representações da criança, por seu aspecto protetor, tranquilizador ou, inversamente, pelo medo ou temor que inspira. O personagem identificado positivamente desse modo pode apresentar várias características específicas. Num primeiro momento, pode ser escolhido pelo desenhista como sendo o elemento essencial dessa família gráfica. Então o tempo que lhe é dedicado na realização é superior ao tempo dedicado aos outros personagens. Geralmente ele é *posicionado em primeiro lugar*, à esquerda da folha, seguido mais à direita pelos outros

IV – Desenho da família

membros da família. Muito frequentemente esse primeiro personagem é um dos dois pais, mas também pode tratar-se de um igual; então o desenhista "considera seu sexo e seu papel como preferencial e, no íntimo, deseja ocupar-lhe o lugar" (Corman, 1961, p. 49).

Às vezes, o primeiro personagem desenhado é a própria criança. Nesse caso, a hipótese de um conflito narcísico poderá ser levantada e deverá ser verificada por meio da entrevista. Podemos citar o exemplo de uma criança ou um adolescente que não consegue investir nas imagens parentais, por falta de retorno de gratidão ou ainda devido a um conflito relacional. Num caso como esse, a única alternativa do sujeito é centrar-se em si mesmo, num retraimento narcísico, a fim de encontrar recursos psíquicos no *self*.

Pode acontecer também que o personagem valorizado não seja desenhado em primeiro lugar, mas em compensação seja *de proporções maiores*, mais imponente pelo lugar que ocupa na folha de papel. Uma criança numa fase narcísica aguda pode desejar identificar-se com um personagem que será tão somente ela mesma. No entanto, pela aquisição das regras de relacionamento social, ela saberá que não pode representar-se em primeiro lugar; então a família será desenhada em sua ordem hierárquica socialmente aceitável, mas o personagem valorizado será uma cabeça mais alto do que todos os outros membros da família.

Um elemento suplementar para identificar o personagem valorizado é *o empenho e o tempo de execução* empregados para representar um de seus membros. Todos os traços relativos a esse personagem são finos, trabalhados e detalhados. A figura que serve ao processo identificatório é definida com tantos cuidados como se fosse o próprio desenhista. Essa valorização também pode expressar-se no uso de cores variadas, direcionado para um único personagem. A ele serão acrescentados elementos acessórios. Sem ser o primeiro personagem representado na folha, a identificação pode ser decidida pela *posição centralizada da figura*, como o umbigo do mundo; é aquele que o leitor vê imediatamente; pode ser também aquele para quem os outros membros da família estão voltados ou mesmo que estão contemplando. A entrevista frequentemente virá confirmar essa tendência, quando a criança declarar que escolhe esse personagem como modelo de identificação ou quando sua sintomatologia de linguagem fornecer muitas indicações nessa direção.

3.2 Indícios de desvalorização

Desvalorizar um personagem familiar é diminuí-lo, rebaixá-lo em sua representação, ocultá-lo ou mesmo esquecê-lo, por um mecanismo de defesa denominado negação neurótica.

> O sujeito responde aos conflitos emocionais ou aos fatores de estresse internos ou externos recusando-se a reconhecer certos aspectos da realidade de sua experiência, apesar de evidentes para outrem. [...] Essa negação evita a admissão ou a conscientização de um fato mental (ideia e sentimento) que o sujeito pensa que pode valer-lhe consequências desagradáveis (vergonha, sofrimento ou qualquer outro afeto doloroso) (Perry, Guelfi, Despland; Hanin, 2004, p. 68).

No desenho da família, todo elemento que causar angústia poderá ser evitado e, portanto, negado. Assim, às vezes a etapa que consiste em comparar a família imaginada com a família real poderá indicar que um membro desta está ausente do desenho. Observa-se regularmente esse

IV – Desenho da família

tipo de desvalorização nas fratrias em que um dos irmãos é suprimido a fim de atender ao sentimento efetivo de ciúme. Quando percebe o esquecimento, a criança, receando que seus sentimentos anuladores sejam descobertos, pode sentir necessidade de justificar-se e assim encontrar uma série de explicações lógicas, tais como falta de espaço na folha ou ainda a corpulência excessiva do personagem real para caber no desenho.

Pode acontecer também que um dos pais ou ambos sejam os omitidos na família imaginada. Então será levantada a hipótese de um conflito afetivo com o pai ou a mãe ausente. Na entrevista será possível abordar as razões da desvalorização do membro familiar faltante. Também é possível constatar que o próprio desenhista parece ter esquecido de si mesmo na família gráfica. Muito frequentemente, não se trata de uma omissão com características destrutivas de anulação, e sim da expressão de um mal-estar atual. O personagem de identificação trará informações sobre as necessidades íntimas da criança ou do adolescente e sobre o conflito psíquico que está vivendo.

Outra situação imaginável é quando são esquecidas partes de uma figura e não o personagem inteiro. Nos anos 1980, a tendência foi esquematizar cada parte ausente em correspondência com um nível de conflito psíquico. Por exemplo, a ausência de braço num personagem foi ligada ao sentimento de culpa associado a uma atividade masturbatória ou propícia aos pensamentos da sexualidade infantil. Verificou-se que tais ligações eram quase sempre abusivas e, principalmente, não generalizáveis. Portanto, em caso de escotomização de um personagem, prudência é a norma; o princípio clínico prevalece e somente o diálogo com o desenhista durante a entrevista pode vir esclarecer esse tipo de omissão. Outras modalidades de desvalorização também podem ser detectadas; por exemplo, um personagem representado menor que os outros, posicionado em último lugar ou mesmo comprimido no final da página, não completamente representado. Ele pode também parecer separado do grupo, afastado ou em plano inferior. Às vezes um personagem é desenhado de modo desleixado, a caneta hidrográfica vaza unicamente nele, os detalhes estão ausentes. Algumas crianças vão enfear um personagem conferindo-lhe atributos negativos – por exemplo, uma irmã ou um irmão representados com muitas espinhas no rosto, com os cabelos mal penteados, um dos pais encurvado como "uma vovozinha" – que não correspondem à realidade.

No momento de dar uma identidade nominal a cada personagem, pode ser que um deles não possua uma e a criança então declare que não sabe de quem se trata ou que ele não tem nome. Devemos registrar, por fim, casos relativamente raros em que o desenhista representa um personagem e declara na entrevista que não deseja de modo algum identificar-se ou parecer-se com ele. Então o conflito está claramente declarado e sua verbalização parece vir como um apelo ao clínico para que resolva ou admita a situação difícil.

Existe ainda uma modalidade muito particular de desvalorização de um personagem, quando este, depois de ter uma existência gráfica, é voluntariamente riscado pela criança. Às vezes a intenção é representar um membro da família real, um avô, por exemplo, que faleceu. O fato de riscar simboliza então a morte da pessoa real. Em outros casos, o conflito é mencionado claramente, o que indica uma intenção representativa censurada no nível consciente. É necessário verificar o gestual no momento em que o desenhista risca um personagem, a fim de distinguir entre a desvalorização por restrição psíquica e a passagem ao ato agressivo destruidor que mostra um desejo conscientizado de atacar o personagem gráfico e o que ele simboliza.

IV – Desenho da família

3.3 Mecanismo de acréscimo e deslocamento de personagem

> Quando uma tendência instintiva não pode ser satisfeita nem assumida porque comporta uma certa culpabilidade, o sujeito desiste dela, ou seja, [...] recalca-a no inconsciente. Mas, [...] em virtude do dinamismo inerente a toda tendência vital, essa desistência é só aparente: as pulsões tentam satisfazer-se a despeito das proibições, o que frequentemente se traduzirá por um *deslocamento*. Isso quer dizer que então a tendência é assumida não pelo próprio sujeito, e sim por um personagem suficientemente diferente dele em termos de idade, sexo ou situação (ou as três coisas simultaneamente), para o sujeito não correr o risco de ser reconhecido ou de reconhecer a si mesmo sob esses traços emprestados (Corman, 1961, p. 60).

Fala-se de personagem acrescentado quando ele não encontra correspondência alguma na realidade familiar. Trata-se então de um personagem que precisa ser avaliado por suas qualificações, seu status ou posição social, a fim de compreendermos seu papel na mente do autor. Às vezes uma criança acrescenta em sua família imaginada um personagem extraído de desenhos animados. A identificação com o herói da TV fica evidente e esse personagem simboliza tudo o que a criança sonha fazer ou ser, mas não pode concretizar na realidade. Às vezes o desenhista pode estar ausente da família imaginada enquanto, por sua vez, um personagem não identificável na realidade é acrescentado; nesse caso, a identificação projetiva é total.

Corman (1961) apresentou um estudo aprofundado do personagem suplementar em função de diferentes especificidades. Ele pode ser, por exemplo, *um bebê*, "para o qual o sujeito desloca fortes tendências regressivas que teria vergonha de expressar diretamente" (p. 61). Pode também *ter mais idade que o desenhista e mesmo ser adulto*. São expressos então vários desejos da criança, tais como o desejo de autonomização ou ainda desejos edipianos. O deslocamento operado permite contornar a proibição de incesto ou a posição hierárquica na fratria, por exemplo.

Quanto a um desejo de identificação gemelar, o personagem acrescentado pode ser uma espécie de clone, que Corman (1961) denomina *o duplo*. Esse processo particular de identificação pode tranquilizar a criança, conferir-lhe certa segurança, visto que toda ação é realizada em parceria com um igual. Observaremos, por fim, que o acréscimo também pode recair num animal de companhia que não existe na composição da família real. Em tal caso, isso deve ser interpretado segundo dois pontos de vista, um emanando do desejo da criança de possuir um animal no contexto real e o outro relativo ao tipo de animal representado. De fato, a criança acrescentar à composição da família imaginada um cachorro ou um gato não assumirá o mesmo valor simbólico de acrescentar-lhe um leão, um lobo ou uma aranha, um animal feroz, selvagem e mesmo perigoso. Em todos os casos, a entrevista é que poderá esclarecer sobre os desejos inexpressáveis da criança manifestados no desenho.

> Mas, em todos os casos em que figura um animal que não existe realmente e em que esse animal é particularmente valorizado de maneira positiva ou negativa, deveremos pensar que ele representa uma tendência que a própria criança não ousa assumir. A coisa é especialmente digna de nota quando a criança não figura pessoalmente em seu desenho, tendo se projetado inteiramente em seu animal de identificação (Corman, 1961, p. 65).

IV – Desenho da família

O animal tem, entre as crianças, um forte valor significante. Em raras circunstâncias, uma criança pode desenhar uma família imaginada de animais, quando a família real comporta um excesso de aspectos chocantes ou traumatizantes. Acontece efetivamente em famílias incestuosas a criança agredida não conseguir executar diretamente a instrução do teste do desenho da família, por estar inibida demais ou invadida emocionalmente pelo conflito psíquico. Então a instrução é modificada para que a projeção e a identificação possam ser observadas por intermédio do animal.

3.4 Representação dos vínculos entre os personagens

Na interpretação do desenho de uma família imaginada, convém entrever as ligações, os posicionamentos que unem ou separam os personagens entre si. Trata-se aqui de uma transcrição das representações do autor quanto às relações desejadas entre os familiares. Toda aproximação por proximidade ou colagem demonstra intimidade efetiva ou desejada entre dois personagens simbólicos. Por exemplo, não é raro observar desenhos em que o pai e a mãe estão de mãos dadas (por alongamento dos braços), o que mostra seu amor recíproco, ao passo que na realidade eles estão separados ou divorciados.

Duas figuras podem estar de mãos dadas, se beijando, se abraçando ou simplesmente praticando uma atividade juntas, e nesse caso é o desenhista que expressará essa aproximação quando comentar sua criação. Em alguns casos, a intimidade entre dois personagens do desenho pode levar ao isolamento dos outros membros da família gráfica. Assim, numa problemática de ciúme fraterno, uma criança pode representar a mãe carregando o mais jovem da fratria e afastada dos outros filhos. A identificação do autor nos orientará sobre a natureza de seus sentimentos e sobre um eventual conflito. Ao mesmo tempo, toda aproximação de personagem oposta à realidade familiar deve ser interpretada no plano clínico assim como todo afastamento deve ser levado em consideração.

3.5 Interações e distâncias entre os personagens

Várias eventualidades são concebíveis aqui. O personagem de identificação pode estar distanciado dos outros membros da família imaginada. Nesse caso, a hipótese de uma dificuldade no sentimento de filiação e de pertencimento pode ser posta e desenvolvida por meio da entrevista. Em situação ordinária, a criança poderá representar a família inventada pondo em primeiro lugar o casal parental lado a lado, seguido da fratria, ou também com o pai ou a mãe, a fratria e depois o segundo dos pais para fechar o dispositivo familiar. Nesse caso, o casal engloba os filhos num sentimento de proteção.

Quando os pais da criança são separados ou divorciados, veremos uma família inventada distanciada, com um pai e uma mãe em lados opostos da folha, separados por um espaço vazio; ou então, quando o desejo da criança é unir novamente seus pais, um casal muito próximo que não corresponderá à realidade (Desenho 14). Em função da fase de desenvolvimento em que está a criança, pode ser também que o desenhista que representa no papel um casal parental separado não tenha na realidade conhecimento da ausência de um dos pais nem do divórcio deles. O desejo edipiano é geralmente a causa desse afastamento nas representações parentais. O personagem de identificação será então aquele posicionado perto da figura parental do sexo oposto.

IV – Desenho da família

Desenho 14 – Quando os membros da família estão de mãos dadas, porém os pais são divorciados e a criança está colocada em família de acolhimento temporário

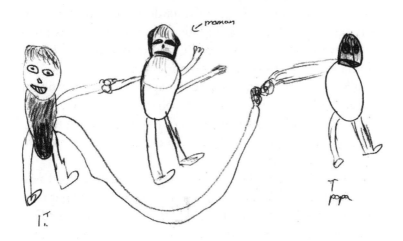

Em alguns desenhos de família, observa-se um afastamento entre o personagem de identificação e a figura parental do sexo oposto ou os dois pais. Esse afastamento frequentemente expressa a existência de um conflito revelado na realidade ou latente na construção psíquica da criança. Alguns sujeitos, a fim de realçar o distanciamento, criam com um traço uma fronteira que impede a interação entre os personagens desenhados. A expressão de um desejo conscientizado de distanciamento deve ser levada a sério e compreendida como um apelo ao clínico.

3.6 Níveis de identificação

Para finalizar o teste do desenho da família, pede-se à criança que escolha um personagem de identificação. Subentende-se e, de certo modo, força-se a projeção no desenho. Então os mecanismos do inconsciente trabalham, agindo com o recalque e a censura do eu. Nessa acepção, a resposta dada pela criança ou pelo adolescente demonstra vários níveis do processo de identificação.

O nível mais imaturo corresponde à *identificação de defesa* (Corman, 1961, p. 74), referente a uma identificação de sobrevivência às instâncias do superego. Nele podem expressar-se a agressividade e o *acting out*, mas também o eventual sentimento de perseguição. No desenho da família isso poderá traduzir-se, por exemplo, por meio dos acessórios do vestuário dos personagens, de seu status ou função, que frequentemente simbolizarão potência, força, poder e possibilidade de negar o outro (o perverso, o bandido, o policial que pode fazer uso de sua arma, o parente autoritário etc.).

Um nível intermediário corresponde à "*identificação de desejo* ou *de tendência*, pela qual o sujeito se projeta no ou nos personagens que melhor satisfizerem suas tendências confessáveis. Por exemplo, ele será o pai, para poder mandar; ou a mãe, para ter filhos; ou o irmão mais velho, para ser independente e fazer o que quiser; ou o bebê, para ser mimado (*identificação do* self)" (Corman, 1961, p. 74).

Num nível maduro de projeção está presente a chamada *identificação com a realidade*. Trata-se então de uma identificação coerente com os elementos da vida real; as representações da criança sobre ela mesma e sobre o meio em que vive não são fantasísticas ou errôneas. Essas identificações são construtivas, porque lhe permitem planejar-se. Então o personagem identificado é "eu", aquele que corresponde em todos os pontos às condições de vida, sexo, status e idade. A entrevista com o desenhista facilitará a percepção do nível de identificação.

Em alguns casos, a criança mostrará grande resistência no momento de escolher um personagem de identificação. Esse mecanismo revela um alto nível defensivo que remete às instâncias do recalcamento. Apenas os sinais de valorização da figura humana possibilitarão a avaliação

IV – Desenho da família

do processo de identificação da criança. O acréscimo de personagem também trará esclarecimentos sobre esse processo, pois "deveremos dar especial atenção aos personagens acrescentados, pois quase sempre representam [...] identificações do sujeito; se houver vários, podem estar representando várias tendências diferentes, entre as quais o sujeito se vê dividido" (Corman, 1961, p. 75).

Em todos os casos, no momento da interpretação psicológica do desenho da família, é aconselhável distinguir a identificação consciente da identificação inconsciente. Efetivamente, pode desenrolar-se diante do clínico um conflito entre os desejos inconfessáveis da criança e os possíveis confessáveis. Por exemplo, quando um bebê é acrescentado à composição familiar, muito frequentemente o autor do desenho identifica-se com o recém-nascido, porque projeta nele valores afetivos de proteção, maternagem, cuidados fusionais da mãe. O bebê então assume valor de identificação; mas, no momento de verbalizar sua escolha, a criança censura-se e considera inadmissível confessar que gostaria de ser esse bebê. Então ela vai deslocar sua identificação para o personagem maternante, por exemplo, e declarar que a mãe do desenho é o objeto de sua escolha identificatória. Quando há esse tipo de deslocamento, pode-se evocar a noção de culpa, que às vezes se expressa na criança por angústias invasivas ou passagens ao ato agressivo.

4 O desenho da família e a problemática do acolhimento familiar temporário

4.1 O duplo pertencimento e o conflito de lealdade

A colocação em acolhimento familiar temporário ocorre no momento em que a sociedade considera os pais inaptos para educar bem seu filho, quando a criança corre perigo no contato com os pais e quando o contexto familiar apresenta grandes riscos para o desenvolvimento psíquico da criança. Surge então uma real problemática conflitual nas crianças em família de acolhimento: elas têm um funcionamento clivado, decorrente do duplo pertencimento – à família de origem e à família acolhedora – e sofrem um conflito de lealdade no qual lhes é insuportável desvalorizar seus pais.

> Neles coexistem partes bem adaptadas à realidade e partes antigas que podem ressurgir com a violência dos sentimentos que esses sujeitos vivenciaram quando eram bebês ou pequenos. [...] Eles efetivamente caem em autênticos momentos alucinatórios. Assim, são ao mesmo tempo adaptados, psicóticos, dependentes e depressivos (Berger, 2003, p. 90).

O desenho da família será o reflexo do estado conflitual. O psicólogo pode ser surpreendido pelo aspecto idealizado da família inventada, que representará uma família unida, com os pais perto dos filhos. Personagens acrescentados estão presentes com frequência e expressam o fato de essa família não existir na realidade. Às vezes pode se tratar de membros da família acolhedora, que então lembram a situação de acolhimento, ou ainda de um bebê, que por identificação e projeção virá reparar as carências nas relações afetivas precoces.

Pode-se ver muito claramente que o desenho da família é o lugar de expressão da clivagem e do conflito que a criança está vivendo. Será muito raro o desenho demonstrar diretamente carências familiares vividas, pois é somente "quando o contexto for bom que a criança poderá permitir-se mostrar a que ponto ela vai mal" (Berger, 2003, p. 121). Em outras palavras, quando a criança já houver adquirido confiança em seu meio de acolhimento, quando

IV – Desenho da família

houver encontrado uma estabilidade afetiva e um equilíbrio no relacionamento com seus pais, ela então poderá transmitir por seu desenho o sofrimento vivido.

Algumas crianças que vivenciaram um relacionamento de apego seguro em sua família de acolhimento podem, ante a instrução de desenhar uma família imaginada, representar-se numa estrutura familiar em que os personagens serão exatamente os da família acolhedora. Então a família real fica negada, mas, porque a instrução estipula bem o desenho de uma família inventada, a criança mostra o conflito em que está, o de ser filha de pais inadequados (Desenho 15). O teste do desenho da família trará informações sobre o nível de aceitação da realidade pela criança ou pelo adolescente.

Desenho 15 – Menina de 7 anos com autismo
e em família de acolhimento representa sua
confusão psíquica e familiar

4.2 O desenho da família pela criança vítima

Quando uma criança é vítima de agressão sexual, de maus-tratos ou de negligência, quando sofre a violência de outrem, toda sua estrutura afetiva e emocional é afetada. Considerando-se o desenho da família como propício para a expressão e a exteriorização das vivências mais íntimas, pode-se encontrar nele o meio de comunicar o inominável, o insuportável. "A partir do desenho da família, Koppitz (1968) estabelecera uma lista de 30 indícios emocionais que permitiam diferenciar os desenhos de crianças 'normais' dos desenhos das crianças 'perturbadas' de modo geral. Verificou-se que as crianças 'sexualmente agredidas' apresentam um número particularmente alto desses sinais, demonstrando assim a intensidade desse tipo de trauma" (Royer, 2001, p. 60).

Quatro tendências podem ser visíveis no desenho da família. Essas tendências serão o reflexo dos graus de influência e de culpa sentidos pela criança vítima. Podem-se detectar preocupações referentes a tudo o que diz respeito à *sexualidade*. O desenho de cunho essencialmente fálico poderá alertar por sua crueza, pelas encenações relacionais dos personagens familiares entre si. A característica pulsional prevalece. "Entre as vítimas, em 50% dos casos os desenhos comportam a representação direta ou simbólica de atributos sexuais. Na representação do personagem, frequentemente se constata, entre as meninas, uma ênfase nas características sexuais, nos olhos vesgos e nas mãos; e entre os meninos, nos pés, no nariz, na boca ou nos dentes. Partes das roupas ou os acessórios têm forma fálica" (Royer, 2001, p. 60).

Uma segunda tendência corresponde à exteriorização do *aspecto agressivo* sentido pela criança. A família inventada poderá às vezes ser assustadora, com personagens

IV – Desenho da família

monstruosos, enfeados ou com poder destruidor, capazes de matar. As cores preferenciais serão então as da ira, como o vermelho e o laranja. Nesses desenhos não é raro o sangue ser sugerido. Cenas de luta, de combate poderão fazer parte da agressividade exteriorizada.

Num eixo oposto, quando a criança vítima é invadida pelo *sentimento de culpa*, o desenho da família é mais rígido, racionalizado, a fim de não deixar transparecer coisa alguma. Se a criança se representar no desenho, será sob o aspecto de pequenez, retraimento e isolamento (Desenho 16). A noção de segredo pode ser abordada durante a entrevista. No contexto de uma suspeita de agressão sexual contra a criança, o personagem sem boca assume o significado de não evocação dos afetos. Por fim, pode-se enunciar uma quarta tendência, referente ao *sentimento de medo e de angústia*. A criança parece petrificada pelo temor, o personagem identificante pode ter características

Desenho 16 – Desenho de família de um menino de 5 anos retirado de sua família biológica, que o maltratava

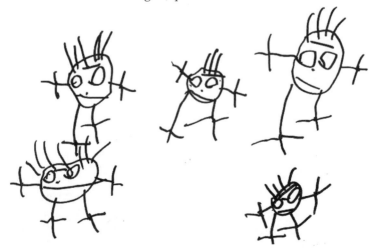

gigantes e onipotentes. A impressão de ameaça e de insegurança impera sobre a harmonia global do desenho. O nível de autoestima da criança quase sempre é baixo.

Parece-nos importante destacar que a agressão propriamente dita nunca, ou muito raramente, é representada fielmente. Ela está tão integrada no impensável que para a criança vítima é doloroso dizê-la ou escrevê-la com as palavras exatas. Assim, "mesmo nesse contexto de 'testemunho gráfico', o desenho continua a ser uma fantasia que oferece pequenos arranjos com o real" (Cognet, 2011, p. 64). Além disso, a emoção se mostra tão invasiva que também a lógica conceptual acaba perturbada. Nesse caso, o desenho da família é o espelho do choque emocional recebido, apresenta todos os sentimentos misturados entre si, indo da raiva à dor, do prazer à vergonha, do espanto ao trauma.

V

Desenho da árvore

1 Árvore: objeto simbólico da construção psíquica

A árvore e o vegetal precedem a existência do ser humano; encerram em todas as sociedades uma simbólica de vida, de fertilidade e de evolução que todos respeitam e até mesmo veneram.

1.1 Etimologia de árvore

Do latim *arbor/oris*, a palavra "árvore" tem como raiz comum *arborare*, indicando o movimento, a elevação para o céu, a retidão. A árvore se destaca: sua arborescência é esplendorosa e sua verticalidade lembra a do desenvolvimento humano. Representa a evolução do Homem, mas sua longevidade subentende uma sabedoria, graças ao tempo de presença observando os seres humanos, o que lhe confere um status privilegiado. Está também nas origens da vida, possibilita a respiração, bem como a saciedade com os frutos que oferece. Nesse sentido, "a árvore é um símbolo bipolar, tanto fálico em sua verticalidade como maternal com sua fronde e os frutos que porta" (Mercier, 2001, p. 64).

Nesse sentido, a árvore protege o indivíduo; além de alimentá-lo, pode abrigá-lo, fornecer-lhe uma habitação (ninho para os pássaros, buraco no tronco para os esquilos, cabana no alto, longe dos predadores terrestres). Com sua madeira o ser humano pode aquecer-se, pode construir e criar muitas ferramentas. Mesmo precedendo o homem, é sua acompanhante e testemunha de uma existência mortal. Quem não deixou traços de sua passagem pelo mundo gravando na casca de uma árvore dois nomes unidos por um coração? Traços que se elevam com o tronco que cresce.

Assim como a casa guarda uma simbólica materna, a árvore assume um valor masculino, por seu determinante[4] e pela verticalidade fálica. Representa a força, a virilidade, é vigorosa e protetora como a imagem do pai simbólico; força tranquila, calmante e reconfortante. Ergue-se ereta para o céu e nasce na terra que a nutre pelas raízes. Assim, serve de intermediária entre as alturas celestes e as profundezas abissais. Tem esse valor de mediação entre a terra e o ar, entre a origem e a transmissão.

> Fixada na terra-mãe por suas raízes, nesse nível ela é mistura indeterminada de matéria e de vida [...]. Observe-se que a raiz marca o início de uma vida, a primeira etapa da atualização [...]. Por pertencer à vida subterrânea e oculta e por suas ligações com o tema do nascimento e o mistério que o cerca, a raiz é a representação simbólica do que é mais profundo no homem: o inconsciente (Fromont, 1978, p. 203).

Em seu estrito valor antropomórfico, a árvore é como o corpo humano, que busca sua origem em profundezas inconscientes, que desenvolve uma estrutura que lhe proporciona uma base na vida, que vai ser influenciado pelos diversos acontecimentos da vida que o encurvam,

---

4. Em francês, "árvore" (*arbre*) é substantivo masculino [N.T.].

V – Desenho da árvore

o rigidificam ou deixam marcas em seu corpo, o tronco. Além disso, com suas ramificações, a árvore vai representar o poder ativo do ser humano; como braços, os ramos dão sombra, possibilitam o enfolhamento e a floração.

> Ela seguramente revela, sobre aquele que desenha uma árvore, sua autorrepresentação do próprio corpo e da imagem que dá de sua vida [...]. O tronco transporta a seiva para as regiões superiores, desempenha a função de órgão, é [...] mediador entre o mundo sensível e o mundo das ideias (Fromont, 1978, p. 204).

A árvore transcende as nuvens e simboliza assim a vida intelectual e espiritual. Essa elevação traduz o movimento "da alma e seu esforço para chegar ao conhecimento" (Fromont, 1978, p. 204). A noção de finalização, de autorrealização se repete na ascensão vertiginosa da árvore. Segundo a imagem que a árvore sugere com fundamentos etimológicos, fica evidente que, assim como a casa, a figura humana ou a família, ela constitui uma verdadeira imagem projetiva na qual o sujeito pode simultaneamente fazer referência a suas identificações e também representar seus desejos inconscientes. "No âmbito do desenho, a árvore, ao mesmo tempo que é uma imagem familiar, não remete a um conteúdo excessivamente próximo, sobredeterminado, rico demais, como poderia ser o caso no desenho de um animal", por exemplo (Fromont, 1978, p. 201).

1.2 Importância da árvore nas sociedades

> Os seres humanos, em sua necessidade infernal de crer, inventaram para si, também de acordo com cada época, de acordo com cada lugar, um modo de vida e de comportamento. Sacralizaram o que os transcendia, a árvore inclusive. A árvore, cuja cabeça era vizinha do céu e cujos

pés tocavam o reino dos mortos. A árvore foi reconhecida não como vegetal, e sim como uma entidade que denotava um símbolo. Os seres humanos veneraram-na, cuidaram dela, assimilaram-na a um dos seus, com os braços estendidos como uma invocação (De Castilla, 2000, p. 5).

A árvore encerra, portanto, um valor adotado pelas crenças populares e pelas religiões, nas quais, aliás, plantas diversas assumem simbólicas de pregação de felicidade ou infortúnio. Em todas as épocas as árvores foram adoradas; essa veneração foi mencionada já nos primeiros textos clássicos e bíblicos. Como exemplos, podemos citar a festa judaica de Tu Bishvat, o Ano Novo das Árvores, que celebra a renovação da natureza; ou ainda, em outra cultura, São Luís ministrando justiça sob um carvalho, símbolo de poder e sabedoria; e também o costume pagão, retomado no Natal pelo cristianismo, de pendurar pedidos no pinheiro, cujas agulhas não caem durante o inverno.

O carvalho, que os romanos associavam a Júpiter, deus do trovão, também era assimilado ao deus do raio entre os germanos. Para os germanos e os escandinavos, o freixo é a árvore fundadora. Ela suporta a abóboda celeste e está enraizada na Sabedoria. Sob suas três raízes encontravam-se os diversos mundos; "dizia-se que três poços jaziam sob suas raízes", simbolizando respectivamente a sabedoria, o destino e a fonte dos rios (Crews, 2003, p. 37). Os eslavos atribuem ao mesmo freixo o poder de repelir as serpentes: pode-se descansar à sombra dele sem receio. Algumas crenças perduram ainda hoje, por exemplo, tocar madeira para evitar a má sorte.

A mitologia não fica atrás, pois a cada divindade é atribuída uma simbólica vegetal. Assim, a Ártemis, deusa da Lua e da fauna selvagem, corresponde a epícea, árvore do nascimento; a figueira é a árvore de Dioniso, deus da

V – Desenho da árvore

fecundidade; o mirto é dedicado a Afrodite, por suas virtudes inebriantes; ou ainda, a oliveira, que está na Bíblia e no Alcorão, árvore de Atena, símbolo de castidade e pureza de alma, cujos ramos formam as coroas dos vencedores nos jogos de Atenas etc.

Em todas as culturas a árvore simboliza o dinamismo, a vida e a fertilidade. "A árvore que perde as folhas e reverdece somente aparenta morrer, e por essas repetições se torna o próprio símbolo do dinamismo" (De Castilla, 2000, p. 6). Devido à sua robustez, parece eterna e, portanto, espectadora da vida humana. "Por seu tempo de vida muito mais longo que o de uma pessoa, são vistas como eternas" (Musselman, 2003, p. 43). É aquela que protegemos porque é idosa, aquela a que nos acorrentamos para não ser derrubada, também aquela que renasce toda primavera após a rudeza do inverno. Por fim, a vida de uma árvore representa a vida da humanidade. De uma árvore plantada brotarão ramos, sementes germinarão e criarão florestas, exatamente como os povos se constituíram. As sociedades judaico-cristãs associaram a árvore à vida espiritual e à reflexão filantrópica.

1.3 Projeção de si no desenho da árvore

O desenho da árvore, símbolo de numerosos valores da existência, é uma prova projetiva na qual entram em conta múltiplos traços de personalidade. A projeção incide simultaneamente no desenvolvimento do próprio sujeito num contexto que lhe é específico e também nas características próprias da espécie humana, sua evolução. O teste do desenho da árvore destina-se tanto a crianças como a adultos; estes talvez tenham mais facilidade para produzir uma árvore símbolo de sua existência do que uma casa ou uma figura humana e sua família. No entanto, o desenho da árvore pela criança ou pelo adolescente nos fornecerá um número importante de informações, principalmente com relação aos diversos acontecimentos de vida e aos traumas da trajetória individual.

> O essencial é que um material dado, aqui o tema da árvore, seja estruturado pelo sujeito em função de sua individualidade. Um processo interior é transferido para o exterior, onde recebe sua forma (Koch, 1958). [...] A árvore é uma prova preferencial no que se refere à captação dos aspectos profundos da personalidade, por duas razões. Por um lado, as associações conscientes fornecidas pelo sujeito a respeito da árvore são mais raras do que as fornecidas por outros testes ou temas (casa, pessoa). Por outro lado, diante da árvore os sujeitos têm menos tendência a pôr em ação suas defesas; em cada detalhe o desenho da árvore porta a marca da vida emocional do sujeito (Fernandez, 2014, p. 19-20).

O desenho da árvore tem a particularidade de ser uma transposição do que o sujeito julga ser intimamente, em função do olhar social e do ideal de eu com o qual ele se identifica. Todo o aspecto inconsciente é posto a nu por meio do desenho da árvore. Na criança, a estrutura defensiva será menos fixa e rígida, ainda assim poderá ser percebida como uma tendência construtiva identitária. No adolescente, as defesas exacerbadas parecem expressar o adulto de amanhã com seus eventuais disfuncionamentos, que poderão ser trabalhados, discutidos, trocados, a fim de melhorar a eficácia do sistema defensivo, numa abordagem dinâmica do indivíduo. É toda a rigidez funcional que será expressa por meio do desenho da árvore.

Como em todo desenho, poderá ser feita uma leitura de acordo com a localização da árvore. Com base nos trabalhos de Koch (1949) e de Pulver (1953, citados por Fromont, 1978) a propósito do simbolismo do espaço em nossas sociedades ocidentais, em que a escrita vai da

V – Desenho da árvore

esquerda para a direita, foi extraído um esquema espacial que facilita a leitura de todo desenho. A parte esquerda da folha é tradicionalmente associada mais aos elementos do passado, à infância. Um sujeito que desenhar uma árvore nessa localização poderá mostrar um desejo regressivo, de busca afetiva ligada ao bem-estar introspectivo do passado; já a localização à direita da folha mostrará uma tensão de si em direção ao futuro, à evolução, ao devir. Os quartis da folha são considerados também em função da parte alta e da parte baixa da página: com relação à árvore, o alto simboliza mais os aspectos espirituais e intelectuais, enquanto a parte baixa faz referência mais às raízes, à genealogia do sujeito.

A cor terá valor expressivo no desenho da árvore. Na criança até 8-9 anos, não é raro observarmos cores não realistas da árvore; isso faz parte do desenvolvimento normal da criança e não está em absoluto associado a alguma patologia. A partir dos 9 anos, geralmente se observa no desenho da árvore uma preferência pelas cores vivas, quentes, com um período em que a folhagem outonal é quase sistemática. Isso corresponde a uma possibilidade de expressão e de autoafirmação por meio de cores vivas, em que o afeto da pulsão pode ser socialmente aceito no desenho.

O período da primeira adolescência prepara para a passagem à idade adulta. De acordo com os autores, antes de passar para o verde as meninas provavelmente tenderão a preferir o azul para a folhagem, enquanto os meninos prolongarão sua expressão pulsional continuando a utilizar o amarelo e o alaranjado (Fernandez, 2014). No momento da adolescência, o desenho da árvore sofre uma modificação em termos de cores: torna-se menos colorido, menos impulsivo e assume para a folhagem uma cor verde tradicional. Os primeiros elementos do hábito funcional instalam-se. Em seguida as cores parecem assumir sua simbólica tradicional, definida conforme a sociedade.

O desenho no exame psicológico da criança e do adolescente

Esses elementos a respeito das cores não constituem, em si, pistas interpretativas; de fato, seria abusivo estabelecer um diagnóstico psicológico a partir da simples utilização de cores no desenho da árvore. Ao contrário, o conhecimento dessa evolução no uso das cores pela criança e pelo adolescente incita à prudência e à objetividade reflexiva em toda tentativa espontânea de interpretação. A mesma precaução vale para as simbólicas referentes a cada espécie de árvore. Efetivamente, cada planta guarda um valor simbólico e, portanto, histórico, originário das lendas, da mitologia, das crenças e religiões. Assim como para alguns adultos essa simbólica é conhecida e pode orientar o desenho da árvore produzido, da mesma forma, no caso da criança e do adolescente, seria errôneo assimilar a personalidade do sujeito ao valor tradicionalmente atribuído a uma espécie de árvore.

2 O teste da árvore segundo o método de Stora

Em 1975, Renée Stora propôs um método e um protocolo[5] de aplicação referentes ao desenho da árvore. Seu trabalho inspirou-se em vários estudos, principalmente o de Jucker (1928, citado por Fromont, 1978), que sugeria o uso do desenho da árvore no apoio psicológico, e nos escritos de Koch em 1949 e 1959, sobre o simbolismo da árvore e o aspecto projetivo do desenho. A técnica interpretativa apresentada por Stora é muito detalhada; portanto, convém remeter-se a sua obra a fim de obter todos os elementos para compreensão do desenho da árvore na qualidade de teste projetivo.

---

5. Este protocolo não foi ainda validado no Brasil. Para consultar os testes com os respectivos manuais considerados favoráveis pelo Conselho Federal de Psicologia, cf. Sistema de Avaliação de Testes Psicológicos (Satepsi), em https://satepsi.cfp.org.br/ [N.E.].

V – Desenho da árvore

2.1 Técnica de aplicação

Como em toda prova gráfica, o material necessário é extremamente simples: basta disponibilizar para a criança ou o adolescente folhas de papel branco apresentadas no sentido da altura, um lápis comum para os adolescentes e os adultos, sabendo que para as crianças e os de mais idade canetas hidrográficas ou lápis de cor também podem ser utilizados, propiciando a expressão pulsional no desenho. A aplicação sugerida por Stora (1975) compreende várias etapas; portanto, é necessário que o mesmo material de desenho seja conservado de uma etapa para outra, principalmente para possibilitar comparações de características. A instrução da primeira etapa é formulada assim para a criança ou o adolescente: "Desenhe uma árvore, qualquer árvore, como você quiser, mas não um pinheiro".

> O pinheiro é excluído devido a sua forma regular, que possibilita a reprodução de uma espécie de estereótipo excessivamente familiar aos olhos da criança, que o viu tantas vezes em livros ilustrados ou o recortou na época do Natal (Muel, 1978, p. 71).

No verso da primeira folha, pede-se à criança que escreva seu prenome e o número 1. Passa-se então para a segunda etapa do teste, tendo o cuidado de deixar a primeira folha virada e não visível para a criança ou o adolescente, a fim de que a primeira imagem não sirva de modelo para a segunda. Uma nova folha branca é oferecida, sempre no sentido da altura. Agora a instrução é: "Desenhe outra árvore, qualquer árvore, como você quiser, mas não um pinheiro".

> É preciso evitar a palavra "novamente", que imporia uma ideia de repetição e incitaria à reprodução da primeira árvore. A palavra "outra" introduz a ideia de uma diferença, sem precisá-la claramente. Ela será compreendida ou não, tornando-se assim um elemento de avaliação (Muel, 1978, p. 71-72).

O desenho no exame psicológico da criança e do adolescente

Mais uma vez, a criança ou o adolescente escreverá seu prenome no verso da folha, acrescentando-lhe o número 2. Uma nova folha em branco será apresentada à criança; a segunda também será virada para não ser mais vista pelo sujeito. Novamente é adotado o sentido da altura. Agora a instrução para o desenhista é diferente: "Desenhe uma árvore de sonho, uma árvore da sua imaginação, que não existe na realidade; desenhe-a como você quiser". Se a criança souber escrever, quando terminar de desenhar pede-se que escreva no verso da folha seu prenome, o número 3 e acrescente as razões que justifiquem que sua terceira árvore é irreal. Assim, ela deve responder à pergunta: "Por que essa árvore é uma árvore de sonho, por que ela não pode existir na realidade?" Parece que "geralmente a terceira árvore é maior e mais frondosa que as anteriores, pois o sujeito projeta nela suas aspirações conscientes e inconscientes, sua necessidade de sucesso e de afirmação" (De Castilla, 2000, p. 20).

Por fim, na última etapa do teste, uma quarta folha é apresentada, com a seguinte instrução: "Desenhe uma árvore, qualquer árvore, como você quiser, mas com os olhos fechados". Durante toda a aplicação, as reações e os comentários da criança serão observados. Todo gestual que mostre uma hesitação, um tempo de parada, uma hiperativação ou ainda uma invasão emocional será anotado, com referência à parte da árvore produzida. Durante a aplicação do teste, também é necessário tranquilizar a criança ou o adolescente, que pode ficar desestabilizado pelas sucessivas instruções.

Cada etapa do teste tem um valor significativo. O primeiro momento permite que se observem as capacidades adaptativas da criança diante de uma instrução não habitual e também suas estruturas defensivas no relacionamento com o adulto. Consequentemente, essa árvore representa as

V – Desenho da árvore

atitudes social e escolar da criança. Em geral, para a primeira árvore a criança vai fazer um esforço importante para controlar seus afetos e suas pulsões. O segundo desenho, apresentado com uma instrução idêntica, possibilita um relaxamento do autocontrole e uma autoexpressão mais natural, menos defensiva. Uma forma de habituação parece efetuar-se entre essas duas etapas do teste. Parece que então é o eu íntimo que é produzido no papel. O momento da árvore imaginária favorece a detecção das insatisfações do sujeito e permite uma expressão mais ampla dos desejos inconscientes.

Por fim, a última árvore é aquela em que os conflitos da infância podem expressar-se, em que o traço cicatricial deixado pelos acontecimentos e pelos traumas melhor poderá manifestar-se. A interpretação dos quatro desenhos fornecerá elementos com relação às oposições e contradições do sujeito. Este manifestará neles simultaneamente sua rigidez funcional, sua resistência, sua estrutura defensiva, seus desejos inconscientes, mas também a percepção que tem de si mesmo no momento presente. A personalidade é avaliada seguindo uma abordagem dinâmica que leva em conta ao mesmo tempo as características identitárias passadas e também os aspectos atuais do sujeito.

2.2 Técnica de interpretação

A interpretação dos desenhos será sempre um cruzamento de observações tanto a respeito de cada desenho em si quanto sobre a aceitação das instruções pela criança, suas reações, a realização dos desenhos e a entrevista que virá após o teste. Além disso, entre dois desenhos, é preciso estabelecer comparações a fim de anotar as modificações, as mudanças adaptativas da criança. As características do traçado e da linha serão retomadas como descritas no primeiro capítulo; depois, os detalhes de cada árvore serão objeto de uma atenção particular. Fernandez (2014, p. 29-30) sugere um protocolo[6] interpretativo em 16 pontos.

1. A *localização da árvore* na folha de papel, segundo a simbólica espacial desenvolvida por Pulver (1953), bem como, eventualmente, o entorno da árvore desenhada (por exemplo, uma paisagem, casas etc.). Pode-se afirmar com segurança que as áreas inferiores do desenho da árvore simbolizam as camadas primitivas e as áreas superiores, as camadas cronologicamente posteriores; ademais, o original, o primitivo, o inconsciente estar situado embaixo e o consciente, o diferenciado estar no alto tem um significado muito rico (Koch). Considerada isoladamente, essa técnica não é suficiente para uma análise completa do caráter; mas, associada a outros testes, frequentemente revela fatos muito marcantes que podem auxiliar em mais de um ponto a compreensão do conteúdo de outros testes (De Castilla, 2000, p. 9).

2. Para um adulto, *a espécie de árvore representada, com sua simbólica*. Essa observação exigirá muita prudência, principalmente no caso de crianças e de adolescentes.

3. As *raízes* da árvore (visíveis, espessas, em cabeleira, profundas, ausentes etc.).

> As raízes são a fonte de estabilidade da árvore. Refletirão sentimentos relacionados com a segurança, a busca de apoio, a instabilidade e o contato com a realidade. Remeterão à primitividade do eu, à sujeição, ao instinto, às pulsões e ao inconsciente. Indicarão a ligação com a terra, o tradicionalismo rural (apegado às tradições), o enraizamento e um certo conservadorismo. Poderão também ser o reflexo de uma certa lentidão, inépcia, inibição, e de imobilismo (Fernandez, 2014, p. 31).

---

6. Este protocolo não foi ainda validado no Brasil. Para consultar os testes com os respectivos manuais considerados favoráveis pelo Conselho Federal de Psicologia, cf. Sistema de Avaliação de Testes Psicológicos (Satepsi), em https://satepsi.cfp.org.br/ [N.E.].

V – Desenho da árvore

4. A *representação do solo* e da linha de solo traçada em função da idade do sujeito examinado. Trata-se de uma etapa tradicional do desenvolvimento, durante a qual a criança se apoia numa linha para indicar sua percepção do real, seu equilíbrio afetivo e suas faculdades adaptativas.

5. A passagem *das raízes para a base do tronco* (observar, por exemplo, todas as rupturas entre o mundo das raízes e o mundo visível do tronco).

6, 7 e 8. O *tronco* em si, com sua aparência, sua superfície, os traços de seu contorno. Por sua verticalidade, o tronco simboliza a estabilidade e a força do eu. Um tronco nodoso e tortuoso seria a transcrição de uma vida torturada no plano psíquico. O tronco representa o conjunto que constitui o caráter da criança ou do adolescente. Também é importante considerar o traço que faz o contorno do tronco, ou seja, sua casca: ela protege o eu íntimo e absorve os primeiros choques no confronto com o exterior. Algumas crianças tenderão a delimitar bem com caneta hidrográfica preta o tronco da árvore desenhada, expressando assim sua necessidade de espessura para se protegerem do mundo circundante.

9. A *ramagem* da árvore: a forma dos ramos, sua superfície no papel, as proporções com os outros elementos da árvore. No nível antropomórfico, os ramos desempenham a função de braços para a árvore; portanto, trata-se aqui do que permite o movimento, a preensão – em outras palavras, a organização da personalidade (Desenho 17).

> Ramos adequadamente formados sugerirão uma flexibilidade normal e uma adaptação satisfatória. Refletirão também a capacidade ou o desejo de desenvolver-se psicológica e socialmente. Os ramos podem representar simbolicamente um estado de espírito, modos de interação com o ambiente. Naturalmente, "eles estendem os braços" para o entorno, para os contatos, na direção das aspirações (Fernandez, 2014, p. 32).

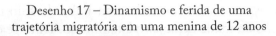

Desenho 17 – Dinamismo e ferida de uma
trajetória migratória em uma menina de 12 anos

10 e 13. Todos os traços repassados, que Stora chama de *escurecimentos* (nós e espessura no traçado), e sua localização na árvore, assim como as sombras e as colorações mais acentuadas.

11, 12. As *folhas da árvore*, sua forma (arredondada, pontuda, fina, larga etc.), a presença de flores, de frutos, bem como a aparência geral da árvore ou sua fronde, o que coroa a folhagem. A altura da folhagem, associada às aspirações cognitivas do sujeito, também será levada em conta.

14. Todos os *elementos anódinos e distintivos* que se destacam do desenho; por exemplo, os acessórios acrescentados que vêm mascarar a realidade da personali-

V – Desenho da árvore

dade da criança, ou ainda as modificações de tema no desenho, bem como todos os elementos que deem vida aos objetos.

15. Toda *liberdade com relação à instrução*, desde a recusa até a multiplicação de árvores em cada folha de papel.

16. O cálculo do *índice de Wittgenstein*[7], que permite datar as passagens dolorosas e os conflitos psíquicos de acordo com os períodos da trajetória identitária.

> Por meio desse índice é possível formular hipóteses sobre a data da ocorrência de acontecimentos com valor traumático para a pessoa, bem como uma estimativa de sua eventual duração. Os dados obtidos têm valor indicativo (Fromage, 2011, p. 169).

Por fim, tudo o que se referir à projeção será identificado nos desenhos da árvore da criança ou do adolescente, a fim de construir hipóteses clínicas que propiciem o trabalho do sujeito na compreensão de seu funcionamento psíquico.

3 O desenho da árvore na abordagem psicopatológica

Quando se utiliza o desenho durante o exame psicológico da criança ou do adolescente, pode-se ver que o teste da árvore é uma ferramenta que traz muitas informações na área da psicopatologia. As diversas alterações do funcionamento psíquico foram estudadas por um grande número de autores; dessas pesquisas depreende-se que a

---

7. Técnica ainda não validada no Brasil. Para consultar os testes com os respectivos manuais considerados favoráveis pelo Conselho Federal de Psicologia, cf. Sistema de Avaliação de Testes Psicológicos (Satepsi), em https://satepsi.cfp.org.br/ [N.E.].

árvore pode assumir características específicas em função da patologia. Evidentemente, o objetivo aqui não é estabelecer regras generalizantes a respeito do desenho, e sim entrever alguns elementos que poderão orientar na interpretação e, portanto, na assistência terapêutica à criança ou ao adolescente.

3.1 Deficiências intelectuais e desenho da árvore

As deficiências de ordem intelectual "correspondem a uma insuficiência do equipamento mental no nascimento ou nos anos seguintes" (Bénony, 1998, p. 75). Trata-se do que nos anos 1970 denominava-se *debilidade mental*, depois, mais recentemente, *retardo mental* e que hoje se prefere chamar de *deficiência*. As crianças e os adolescentes que apresentarem uma deficiência intelectual geralmente vão produzir uma árvore característica. Frequentemente se constata que não há no desenho uma linha de solo, atestando uma dificuldade de conexão com a realidade; muitas vezes o tronco da árvore e seus ramos são compostos com um traço único; o volume indicando a noção de extensão está ausente do desenho.

Também se podem observar árvores desproporcionais na conjunção de seus diversos elementos (tronco e folhagem, por exemplo) ou em seu posicionamento na página (ultrapassando a borda da folha ou, ao contrário, completamente "encolhidas", só muito raramente centralizadas). Segundo De Castilla (2000, p. 45), as formas são pobres e infantis, o traçado é grosseiro e canhestro e as estereotipias são numerosas. Por fim, podem-se encontrar troncos curtos mas espessos ou troncos cônicos que parecem indicar as dificuldades de autoapreciação e de articulação com o mundo real ao redor.

V – Desenho da árvore

3.2 A árvore pela criança psicótica

A classificação das psicoses é ampla e múltipla; entretanto, por meio dos trabalhos de Melanie Klein (1961), é possível observar os estádios evolutivos do psiquismo da criança psicótica.

Assim, as psicoses seriam insucessos da primeira evolução: a criança teria permanecido num estádio de indiferenciação com relação ao meio exterior: sua personalidade não está completamente formada; há uma indistinção entre o Eu e o não-Eu (Besançon, 2016, p. 203).

Em função do tipo de psicose desenvolvido pela criança ou pelo adolescente, diferentes características da árvore foram apontadas. Geralmente as formas não têm autenticidade, o que indica a ruptura com a realidade. Quando *a psicose apresenta um caráter maníaco-depressivo*, as árvores desenhadas parecem ser típicas do estado melancólico. As linhas onduladas e fibrosas são muitas (as raízes, os ramos). O tronco frequentemente é interrompido e pode até mesmo desaparecer do desenho, começando com apenas dois simples traços que se juntam e formam um único, terminando como um simples fio.

Os apoios no solo são fracos e às vezes a árvore chega a estar desenraizada do chão, parecendo flutuar no espaço da folha. Os ramos muitas vezes são pendentes e as linhas do desenho são tremidas ou repassadas várias vezes. Frequentemente se observam efeitos do estado maníaco expressando-se principalmente por uma árvore florida com desproporção entre o volume da folhagem e o das flores, que são quase invasivas; ou por árvores carregadas de muitos ninhos de passarinhos, que também apresentam um caráter transbordante. O abatimento e a hiperatividade estão lado a lado na harmonia global do desenho da árvore.

O desenho no exame psicológico da criança e do adolescente

As tendências esquizoides detectadas em adolescentes vão ser mostradas no desenho da árvore por ambivalência, distúrbios afetivos simultaneamente com um retraimento interior e uma atitude de isolamento. Stora (1978) aponta essencialmente lesões ou mutilações no tronco, bem como dilaceramentos, também presentes nos ramos, um conjunto desarmônico e múltiplas deformações de partes da árvore. Muitas vezes as terminações dos ramos são excessivamente longas e os ramos em si compõem-se de muitas subdivisões. Os elementos de perspectiva são extravagantes e, portanto, há muitas incoerências. O caráter fantasístico e irreal do desenho é corrente em situação de esquizofrenia. Um traçado característico é o da árvore com dois troncos, ou ainda a árvore atingida por um raio, da qual resta apenas um tronco calcinado e cindido em duas partes.

A tendência paranoica, mais encontrada em adolescentes com mais idade, no desenho da árvore mostra delírios. A agressividade relacionada ao sentimento de perseguição está latente, com o uso de cores vivas direcionadas para o vermelho e não conformes com a realidade. Também a presença de sangue pode ser constatada nessa situação, às vezes com ramos que sangram e troncos desventrados e frequentemente tortuosos, complexos. Os mecanismos defensivos são de uma rigidez extrema; a casca do tronco atesta isso quando é repassada, escurecida e acentuada com caneta hidrográfica preta. A árvore como um todo é de tamanho muito pequeno, mostrando um claro sentimento de inferioridade, ou então de tamanho exagerado, significando exaltação e afastamento do mundo real.

Os delírios e as alucinações que indicam a instalação da estrutura psicótica vão ser transcritos no desenho da árvore por uma expansão consequente do tronco. Regularmente, o tronco é fechado com traços espessos e não é raro os ramos estarem ausentes ou desprovidos de folhas, ou ainda serem pontudos. De Castilla (2000) classifica entre

V – Desenho da árvore

as psicoses imaginativas crônicas a *hipocondria*, na qual "o sujeito acredita sofrer problemas de saúde que não têm um fundamento orgânico real" (p. 140). A árvore, reflexo da personalidade do adolescente, frequentemente parece debilitada ou às vezes está vestida (com um cachecol, por exemplo) para não se resfriar.

3.3 Distúrbios neuróticos na criança e desenho da árvore

Os distúrbios neuróticos manifestam-se na criança por meio de sintomas inventariados do ponto de vista clínico, tais como atitudes histéricas, angústia, obsessões e fobias, bem como um grande número de inibições. "A definição do funcionamento neurótico é feita em relação com uma evolução cronológica" (Besançon, 2016, p. 218). É preciso aqui fazer a distinção entre uma atitude sintomática ocasional e a instalação de uma estrutura de personalidade neurótica. Ao contrário da estrutura psicótica, o sistema de realidade da criança não é alterado.

A *angústia neurótica* manifesta-se na criança por somatizações, por passagens ao ato de evitamento ou de agressão e pode levar a um estado depressivo precoce. Em seu desenho, a criança ou o adolescente expressa seu estado psíquico por uma árvore de pequenas dimensões, ausência de linha de solo, tronco constituído de um único traço com poucos elementos complementares e decorativos e, muitas vezes, folhagem pendente. Frequentemente a angústia se expressará por deformações na estrutura da árvore. Em geral as raízes são visíveis, constituídas de um traço único ou fasciculado mas alongado, e costumam ser desproporcionais em relação aos outros elementos da árvore.

Também se encontram regularmente árvores com os ramos desenhados perpendicularmente ao tronco, acentuando o aspecto antropomórfico da árvore. A linha de solo está ausente, dando a impressão de que a árvore flutua, ou repassada e escurecida com um traço espesso. Com muita frequência a árvore é desenhada na parte esquerda do papel, fazendo referência à dimensão regressiva passada. O número de escurecimentos e de traços retocados atesta o nível de angústia e de ansiedade da criança. O momento da aplicação do teste pode provocar na criança ou no adolescente uma invasão emocional que às vezes se manifesta por uma crise de angústia, uma sensação de sufocação ou espasmos.

Quando a tendência neurótica se manifesta na criança por *aspectos obsessivos*, provavelmente a árvore será pequena, torta, sem raízes e conscienciosamente fechada na base do tronco. A repetição "de risquinhos, de círculos" etc. indica a perseveração do sujeito (De Castilla, 2000, p. 140). Veem-se também numerosos cruzamentos nos ramos, oposições que provavelmente expressam a obsessão. O caráter obsessivo será observado essencialmente na realização do teste da árvore por meio dos comportamentos da criança ou do adolescente.

> Elas [as obsessões] entram no contexto da patologia por seu caráter constrangedor e pelo sofrimento psíquico que as acompanha. Pode tratar-se de crianças que têm uma necessidade extrema e compulsiva de ordem, de meticulosidade. Num registro ideativo, podem-se encontrar nelas tendências à escrupulosidade, às autorrecriminações, ideias frequentes a respeito de morte ou de doença, contra as quais elas tentam lutar por meio de rituais (Besançon, 2016, p. 21).

Há poucos estudos abordando *as fobias* e o desenho da árvore. Na criança, períodos fóbicos fazem parte do desenvolvimento tradicional (desde o medo do escuro, por volta dos 2 anos, até o medo de animal, mais tarde). Atualmente se fala muito de fobia escolar, que parece desenvolver-se entre os 5 e os 13 anos. No nível clínico, os autores não

V – Desenho da árvore

chegaram a um consenso analítico. Entretanto, a hipótese da relação com a mãe e da angústia de separação é aventada com frequência. A respeito do desenho da árvore, os pesquisadores parecem concordar sobre um único ponto: o posicionamento da árvore, que geralmente fica no canto esquerdo do papel, expressando o fato de que a causa da fobia se situa nas relações ou percepções do passado.

Com relação à criança, é delicado fazer o diagnóstico de *histeria*. Observa-se, porém, uma sintomatologia em comum com as manifestações histéricas adultas, tais como "as tendências ao teatralismo, à sugestibilidade, à dependência das pessoas próximas, à hiperemotividade, à necessidade de sedução" (Besançon, 2016, p. 219). Geralmente a árvore representada será muito grande, a folhagem será constituída de flores e frutos e não é raro observar na altura do tronco a presença de sombra, que num teste projetivo se expressará pelo esfumado.

3.4 Desenho da árvore e desequilíbrios psíquicos

Tudo o que diz respeito à dificuldade relacional será percebido no desenho da árvore. Por exemplo, a *imaturidade afetiva*, provocada principalmente por uma educação rígida e feita de frustrações ou, ao contrário, por uma educação superprotetora que pode causar na criança falta de autonomia e um grande número de inibições. Serão observados então no desenho a base da página como suporte da árvore, múltiplas formas repetitivas, ramos compostos de um traço único e numerosas inabilidades gráficas que não correspondem às capacidades motoras relativas à idade do sujeito.

Os autores consideram que os *distúrbios do comportamento* e os atos de delinquência são detectáveis no desenho da árvore, principalmente por árvores não concluídas, das quais faltam partes. O aspecto desarmonioso constitui então a primeira impressão. Do mesmo modo, as *carências afetivas precoces* são observáveis na parte baixa do tronco,

O desenho no exame psicológico da criança e do adolescente

que frequentemente tem no lado esquerdo uma esfoladura ou às vezes um início de ramo, abortado. Quando o relacionamento precoce é instável, a base do tronco geralmente é mais estreita que o restante de sua circunferência. Como vemos, a árvore desenhada pela criança mostra-nos suas dores, aspirações e sua compreensão da própria trajetória de vida (Desenho 18). O teste da árvore apresentado por Stora vai informar bem o clínico por ocasião do exame psicológico, porque avalia as diversas disfunções psíquicas. Fica evidente em certas situações que o exame psicológico dará início a um acompanhamento psicológico. Nesse caso, o objetivo do desenho da árvore será o sentido expressivo, favorecendo a criação de si e, por que não, a organização da criança ou do adolescente em dificuldade para que consiga utilizar comportamentos resilientes de valoração, expressão, humor, esperança, desafio, autopositividade etc (Vinay et al., 2004).

Desenho 18 – Quando uma criança refugiada de 8 anos não consegue terminar seu desenho da árvore

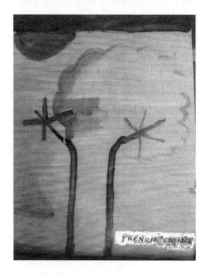

VI

Outras técnicas que utilizam o desenho

1 Introdução

Este capítulo, mais curto que os outros e situado na última parte do livro, tem como objetivo abrir a prática clínica do exame psicológico para outro uso da atividade gráfica, que já não será exclusivamente avaliar, mas, principalmente, liberar a expressão, facilitando o diálogo, a confiança e o trabalho com a criança ou o adolescente em situação difícil. De fato, parece-nos que, embora não constituam a única técnica de apoio psicológico, o desenho e as diversas técnicas a ele associadas encerram muitos valores relacionados com o sentimento de existência e de realização pessoal. Em alguns casos, o desenho será passagem obrigatória para a aplicação de outros testes de avaliação do funcionamento psíquico.

2 Mandalas

Outras técnicas podem ser utilizadas, em função do que se deseja promover na criança em situação de crise.

O desenho no exame psicológico da criança e do adolescente

Diante de um sujeito instável, hiperativo, que mal consegue concentrar-se mais de dez minutos numa atividade ou durante uma entrevista, pode ser oportuno convidá-lo a colorir uma mandala. Mandala é um desenho baseado no encadeamento concêntrico. O termo designa uma imagem organizada em torno de um ponto central. É uma manifestação simbólica do psiquismo humano.

Mandala ("círculo mágico", em sânscrito) é um termo utilizado ora para designar todas as representações simbólicas que comportam um motivo circular, ora para designar mais particularmente essas formas circulares quando englobam uma forma retilínea. Encontram-se mandalas nas produções de diferentes culturas, remontando pelo menos até o período paleolítico. Essas formas aparecem correntemente em desenhos de crianças, sobretudo nas de 2 ou 3 anos. E foi isso, de modo independente mas com a mesma força, que impressionou o especialista em sonhos, Carl Jung, e a que estudava os desenhos infantis, Rhoda Kellogg (Gardner, 1980, p. 53-54).

A mandala é duplamente eficaz: conserva a ordem psíquica e restabelece-a se desapareceu. O chamado de volta ao centro, implícito em cada instante do trabalho, unifica e reequilibra. O simples fato de concentrar-se alguns momentos no centro de uma mandala elimina a dispersão mental. Esse tipo de forma parece ser representado qualquer que seja a cultura de pertencimento, qualquer que seja o contexto. Gardner (1980) fala de uma "parte inconsciente comum a todos os seres humanos" (p. 56). O círculo, o redondo é, por definição, o que dá origem à vida, o que une a *psyché*. "A mandala, portanto, tem a função de símbolo reconciliador..." (Gardner, 1980, p. 56).

VI – Outras técnicas que utilizam o desenho

Para Jung (1964), a mandala facilita a expressão da identidade do sujeito que, enfim, é comum a todos os seres humanos. Quando se propõe a uma criança ou a um adolescente que pinte uma mandala, isso ocorre na imediatidade do encontro clínico considerado aleatório e difícil para uma avaliação psicológica. Ou a criança está numa situação de insegurança relacional que pode influenciar para baixo seu desempenho e a compreensão de instruções para uma determinada prova, ou ela mostra uma agitação e uma falta de concentração tais que fazê-la realizar um teste traria informações errôneas ou falseadas por sua dispersão.

Colorir é uma atividade que atenua a desestabilização diante de uma instrução temática de desenhar; ademais, para algumas crianças isso pode lembrar instruções escolares que não requerem um envolvimento direto da expressão. Assim, o desenho concêntrico vai permitir que a criança ou o adolescente se recentralize na tarefa e, portanto, em si mesmo. Geralmente se observa uma tranquilização que favorece um clima de confiança e de segurança diante do psicólogo. Então a avaliação psicológica poderá começar. O uso da mandala no contexto do exame psicológico segue o seguinte princípio: muitas vezes, perder tempo também é ganhar tempo.

3 Colagem terapêutica

Como o nome indica, a atividade de colagem tem uma intenção terapêutica. Ela pode ser de grande ajuda quando uma criança apresenta inibições ou resistências na comunicação com o psicólogo. A observação da realização do "desenho colado" fornece um painel muito amplo de elementos a respeito do funcionamento do sujeito e de seu sistema defensivo. O suporte para a expressão de si pela

O desenho no exame psicológico da criança e do adolescente

criação pode variar. Também se pode propor à criança ou ao adolescente que recorte formas, imagens, cores para com isso fazer uma criação. Geralmente se dá um tema ao sujeito, em função da situação que se deseja que ele expresse. Para uma criança, é possível propor o tema da felicidade, o tema da alegria ou o que ela tiver vontade de mostrar de sua vida. Em seguida, se necessário, pode-se ajudá-la a recortar, a colar se ela não o conseguir sozinha, mas nunca lhe indicando o lugar da colagem na folha. Deixa-se a criança expressar o que desejar.

Com o adolescente, uma sessão de colagem terapêutica decorrerá de modo diferente. À sua disposição estão catálogos, jornais, papéis de cores diversas e com texturas diversas. Dá-se o tema que se deseja trabalhar com ele; por exemplo, como está atualmente sua vida. O adolescente tem 20 minutos sozinho com seu material para rasgar, recortar, misturar tudo o que quiser: imagens, palavras etc.; depois, com ajuda do clínico, passa-se para a colagem, realizada num suporte da escolha do jovem. A montagem da "colheita" é decidida pelo próprio sujeito. Entre o psicólogo e o sujeito se elabora todo um discurso que indica o que ele está sentindo, o que está vivendo. No fim da colagem, pede-se que comente o resultado, a fim de saber o que pensa e sente sobre este (Desenho 19).

Também se pode pedir à criança ou ao adolescente um título para sua colagem. A produção é guardada numa pasta, com a garantia de que esta não será aberta em sua ausência e de que ele ou ela pode vir a qualquer momento recuperar suas produções. Numa entrevista seguinte é possível, se a criança quiser, retomar a produção a fim de observar os efeitos que teve sobre ela no dia a dia. Mas isso não é obrigatório. Com a colagem terapêutica, a entrevista está encaminhada e pode-se então pensar o trabalho psíquico e construtivo da criança. Algumas semanas depois, pode-se fazer novamente uma sessão de colagem

VI – Outras técnicas que utilizam o desenho

Desenho 19 – "Pessoas felizes", por um menor desacompanhado[8], de 14 anos

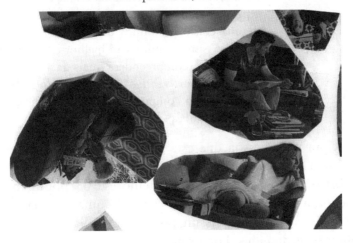

terapêutica sobre o mesmo tema e depois comparar as duas produções, a fim de ver com o sujeito como ele evoluiu. Parece-nos que o grande interesse dessa técnica baseia-se no fato de inserir-se numa abordagem construtiva do êxito do sujeito. A colagem evidencia para a criança que ela é capaz de realizar uma produção. Quando uma criança adota condutas de fracasso ou quando apresenta um baixo nível de autoestima, esse protocolo clínico pode ser-lhe muito proveitoso.

4 Trabalho criativo

A possibilidade de expressão criadora por meio de disciplinas expressivas é uma necessidade primordial da criança em crescimento, principalmente quando exerce uma influência pura

---

8. Na França, menor desacompanhado é o menor de 18 anos, de nacionalidade estrangeira, que chegou ao território francês sem estar acompanhado por um ou outro dos titulares do poder parental ou por um representante legal.

e harmoniosa sobre cada indivíduo. Alguma coisa muda na consciência da criança que pôde expressar-se na *creative activity through art*[9], alguma coisa que nunca desaparecerá inteiramente. Assim o adulto será melhor e mais feliz. Além disso, compreenderá mais facilmente o que significam *creative living* e *creative thoughts* para seu comportamento e sua felicidade (Ozinga, 1969, p. 53).

Com uma pessoa que está lutando contra a evolução de uma doença cujo único final é a morte, um trabalho sobre o rastro parece acalmar os temores e dá, por um momento, a satisfação de não haver vivido uma vida da qual ninguém se lembrará. Assim, pode-se trabalhar associando emoção e desenho. Por exemplo, levar o sujeito a ouvir músicas clássicas ou outras e pedir-lhe que desenhe sobre a música; o objetivo é em seguida fazer disso um rastro que outros poderão ver, principalmente os pais quando se tratar de uma criança ou um adolescente.

A criatividade não cultivada permaneceu como uma função possível para a formulação das sensações nunca expressadas. Bastou pôr-lhes nas mãos uma ferramenta e um papel para que surgisse, do não consciente do ser de cada um, uma linguagem prenhe de expressão (Stern, 1973, p. 61).

Para o sujeito, a finalidade de tal trabalho é permitir-lhe uma integração pessoal, pôr ordem no caos que nele reina, compreendê-lo melhor. Como viver e encontrar um sentido para sua vida quando sabe que tem uma doença incurável, transmitida geneticamente por um parente, confrontando-se com a perda progressiva de todo controle

---

9. As expressões em inglês significam, respectivamente, "atividade criativa por meio da arte", "vida criativa" e "pensamentos criativos" [N.T.].

VI – Outras técnicas que utilizam o desenho

sobre o próprio corpo, mas sendo um adolescente cheio de desejos? A sobrevivência simbólica permite que a criança viva melhor com o que está lhe acontecendo (Desenho 20).

Desenho 20 – Realização de um livro ilustrado com pinturas, por uma jovem de 20 anos com miopatia[10]

A criatividade por meio do poder figurativo realiza algo da beleza eterna, pois a criatividade criadora baseada em disciplinas expressivas faz "aparecer o que há de mais pessoal e mais precioso em cada indivíduo; é o que dá ao criador um sentimento puro e intenso de felicidade" (Ozinga, 1969, p. 33).

---

10. "*Vivre, pourquoi?*" (Viver, por quê?).

O desenho no exame psicológico da criança e do adolescente

O trabalho criativo permite que a criança ou o adolescente expresse não só o que sabe sobre si e as pessoas próximas, mas também sua ligação íntima com os elementos ao redor. Sua finalidade é dar à criança a possibilidade de afirmar-se e de libertar-se de suas barreiras funcionais restritivas. O sujeito experiencia a transformação de seus afetos e pensamentos em imagens, nascidas de sua própria experiência. Esse trabalho possibilitará que ele veja com mais objetividade sua situação atual e empreenda o processo de autonomização por meio de decisões e escolhas pessoais.

Conclusão
Aportes do desenho no exame psicológico da criança e do adolescente

O exame psicológico consiste numa apreciação dinâmica da pessoa e de seu funcionamento psíquico. Tem vários objetivos. Os três principais e fundamentais dizem respeito à avaliação das potencialidades cognitivas, à apreensão das erupções fantasísticas e à compreensão das operações defensivas (Debray, 2000). O desenho constitui uma ferramenta com várias qualidades para atender a esses objetivos. É mediador do relacionamento terapêutico e simultaneamente possibilita a mensuração quantitativa e qualitativa. "Nossa experiência mostra-nos a que ponto o desenho é liberador de uma energia mobilizadora e possibilita que vejamos a pessoa, independentemente da idade, expressar-se e escrever uma parte de si mesma" (Vinay, 2011, p. 21).

O uso do desenho no contexto do exame psicológico da criança e do adolescente apresenta muitas vantagens: por um lado, trata-se de uma atividade habitual da criança, que geralmente não se sentirá surpresa nem reticente para desenhar; por outro, o material necessário para sua aplicação é muito simples e pouco oneroso. A prova gráfica fornece informações sobre o funcionamento psíquico da criança, seu nível de capacidades intelectuais, seu desenvolvimento psicomotor, sua percepção da realidade, sua afetividade, seu sentimento pessoal; mas também propicia a confiança relacional, que agora podemos chamar de *aliança terapêutica* entre o clínico e a criança ou o adolescente.

Entretanto, é aconselhável prudência no uso e na interpretação que será feita dos desenhos. Pois "é certo que mesmo o menor desenho infantil guarda um significado expressivo e simbólico, principalmente se for produzido em situação de exame. Mas é especialmente difícil extrair esses significados se não se dispuser de um contexto suficiente, o que muitas vezes é o caso no exame" (Perron-Borelli & Perron, 1982, p. 214).

O *desenho livre* tem essa vocação de permitir que nele a criança expresse seus sentimentos e emoções num momento preciso, mostre suas impressões sobre si mesma e sobre o mundo circundante. A narração do desenho por seu autor vai abrir o diálogo e assim favorecer a relação de confiança.

O *desenho da pessoa* remete-nos ao ser humano em sua globalidade, a seu corpo e ao corpo em desenvolvimento da espécie viva. Constata-se que a compreensão de si, de seus próprios limites físicos e da imagem social pode ser especialmente bem trabalhada, se for esse o objetivo do exame psicológico, por meio do desenho da figura humana.

O *desenho da casa* assume uma dimensão social evidente, na qual o sentimento de integração poderá ser posto em destaque. Os desvios, a sensação de rejeição, as fobias sociais, o déficit sensorial, por exemplo, constituem temáticas que poderão ser abordadas pelo desenho da casa, tanto com a criança quanto com o adolescente.

Conclusão

O *desenho da família* apresenta um interesse decisivo para a compreensão das problemáticas familiares vividas pela criança. Tanto o desenho em si como as verbalizações durante a realização serão informações sobre a estrutura defensiva da criança ou do adolescente, sua percepção dos acontecimentos e de suas relações com o círculo familiar.

O *desenho da árvore* constitui, segundo Buck (1970), uma excelente abordagem da personalidade como um todo. Elementos referentes à sensibilidade, ao nível de maturidade, ao sentimento de integração psíquica da trajetória de vida, bem como à psicopatologia, poderão ser observados no desenho da árvore.

Por fim, pareceu-nos importante especificar *outras pistas* sobre o uso do desenho no contexto do exame psicológico. O desenho não é mais compreendido somente como uma tradução do sujeito de um ponto de vista psíquico: é visto também como uma ferramenta de expressão e de criação de si que possibilita o sentimento tranquilizador de realização pessoal.

> Durante muito tempo limitei-me a saber que o desenho pode ser uma compensação pelas frustrações e, simultaneamente, uma autoafirmação. Percebi também que sob as imagens inocentes se esconde uma linguagem secreta; chamava-a de linguagem das sensações, por oposição a toda formulação racional... É preciso libertar a expressão dessas influências para que ela se torne uma formulação plena – estendendo-se da figuração intelectual até os traçados da memória orgânica –, uma língua materna no lugar onde ela floresce e não uma língua estrangeira mutilada, balbuciada num lugar qualquer (Stern, 1973, p. 22, 24).

O desenho no exame psicológico da criança e do adolescente

Todo desenho deixa um rastro – rastro da pessoa num momento específico de sua vida, rastro de si na história do ser humano, rastro mnésico no sentimento de um dia haver existido e marcado as pessoas próximas com uma produção que emanou de seu imaginário e de uma releitura afetiva da realidade. Depois dessa produção, a criança ou o adolescente deduz que sua singularidade ocupa um lugar significativo na imensidão terrestre e universal.

Referências

Anzieu, A. (2010). Dessins d'enfants. In C. Masson (Ed.), *Tracer / Désirer: Le Dessin d'enfant dans la cure psychanalytique* (p. 47-61). Hermann.

Anzieu, D. (1985). *Le Moi-Peau*. Dunod.

Arab, C., & Vinay, A. (2017). Familles en situation d'exil. In A. Vinay (Ed.), *La famille aux différents âges de la vie: Approche clinique et développementale* (p. 158-169). Dunod.

Baldy, R. (2010). *Dessine-moi un bonhomme: Dessins d'enfants et développement cognitif*. In Press.

Baldy, R. (2011). *Fais-moi un beau dessin*. In Press.

Bénony, H. (1998). *Le Développement de l'enfant et ses psychopathologies*. Nathan Université.

Berger, M. (2003). *L'Enfant et la souffrance de la séparation* (2. ed.). Dunod.

Besançon, G. (2016). *Manuel de psychopathologie*. Dunod.

Buck, J. (1970). *The House-Tree-Person Technique*. Western Psychological Service.

Cambier, A. (2008). Les aspects génétiques et culturels. In P. Wallon, A. Cambier & D. Engelhart (Ed.), *Le Dessin de l'enfant* (p. 23-82). PUF.

Chiland, C. (1992). Quelques réflexions sur les concepts d'identité et d'identification. In E.J. Anthony & C. Chiland, *L'Enfant dans sa famille: Le développement en péril* (p. 57-71). PUF.

Codol, P. (1980). La quête de la similitude et de la différenciation sociale: Une approche cognitive du sentiment d'identité. In P. Tap, *Identité individuelle et Personnalisation* (p. 162-181). Privat.

Cognet, G. (2011). *Comprendre et interpréter les dessins d'enfants*. Dunod.

Cognet, G., & Bachelier, D. (2017). *Clinique de l'examen psychologique de l'enfant et de l'adolescent: Approches intégrative et neuropsychologique* (2. ed.). Dunod.

Cognet, G., & Cognet, A. (2018). *Comprendre et interpréter les dessins d'enfants* (2. ed.). Dunod.

Corman, L. (1961). *Le Test du dessin de famille*. PUF.

Crews, J. (2003). Le symbolisme de la forêt et des arbres dans le folklore. *Unasylva, Perceptions des forêts*, 54(213), 37.

Crotti, E., & Magni, A. (2001). Dessins et couleurs: des outils à mieux exploiter. *Le Journal des professionnels de l'enfance*, 13, 53-54.

De Castilla, D. (2000). *Le Test de l'arbre, relations humaines et problèmes actuels*. Masson.

Debray, R. (2000). *L'Examen psychologique de l'enfant à la période de latence (6-12 ans)*. Dunod.

Dolto, F. (1982). *Séminaire de psychanalyse des enfants*. Le Seuil.

Emmanuelli, M., & Azoulay, C. (2009). *Pratique des épreuves projectives à l'adolescence*. Dunod.

Emmanuelli, M., & Suarez-Labat, H. (2010). *L'Examen psychologique du jeune enfant*. Érès.

Engelhart, D. (2008). Dessin, utilisation clinique et recherches. In P. Wallon, A. Cambier & D. Engelhart (Eds.), *Le Dessin de l'enfant* (p. 83-115). PUF.

Fernandez, L. (2014). *Le Test de l'arbre: Un dessin pour comprendre et interpréter*. In Press.

Fromage, B. (2011). *L'Épreuve des trois arbres*. Paris: In Press.

Fromont, G. (1978). La symbolique de l'arbre. In R. Stora et al. (Eds.), *Le Test de l'arbre* (p. 195-228). PUF.

Gardner, H. (1980). *Gribouillages et dessins d'enfants: Leur signification*. Pierre Mardaga.

Goodenough, F. (1957). *L'Intelligence d'après le dessin: Le test du bonhomme*. PUF.

Harris, D.B. (1963). *Children's drawing as measures of intellectual maturity*. Harcourt, Brace & World.

Houzel, D. (1988). Le dessin de la maison. Sa signification symbolique en psychanalyse d'enfants. In D. Anzieu, A. Doumic-Girad, M.C. Druenne-Ferry et al., *L'Enfant et sa maison* (p. 29-49). ESF.

Jumel, B. (2011). *L'Aide-mémoire du dessin d'enfant*. Dunod.

Jung, G. (1964). *L'Homme et ses symboles*. Robert Laffont.

Kagan, J. (1968). The concept of identification. *Psychol. Rev.*, 65(5), 296-305.

Klein, M. (1961). *Psychanalyse d'un enfant*. Tchou.

Koch, C. (1949). *Der Baumtest: Der Baumzeichnenversuch als psychodiagnostisches Hilfsmittel*. Hans Huber.

Koch, C. (1958). *Le Test de l'arbre*. Vitte.

Koppitz, E.M. (1968). *Psychological evaluation of children's human figure drawings*. Grune & Stratton.

Lacan, J. (1966). *Écrits*. Le Seuil.

Lefebure, F. (2006). *Le Dessin de l'enfant: Le langage sans parole*. Masson.

Leif, J., & Delay, J. (1974). *Psychologie et Éducation* (Vol. I: "L'Enfant"). Nathan.

Luquet, J.-H. (1967). *Le Dessin enfantin*. Delachaux & Niestlé.

Machover, K. (1949). *Personality projection in the drawing of the human figure*. C. Thomas.

Marcilhacy, C. (2011). *Le Dessin et l'écriture dans l'acte clinique*. Elsevier Masson.

Mercier, E. (2001). *Le Rêve-Éveillé-Dirigé revisité*. L'Harmattan.

Minkowska, F. (1949). *De Van Gogh et Seurat aux dessins d'enfants*. Presse du Temps Présent.

Moro, M.R. (2011). *Psychothérapie transculturelle de l'enfant et de l'adolescent*. Dunod.

Muel, A. (1978). La technique d'application selon la méthode de Renée Stora. In R. Stora et al. (Eds.), *Le Test de l'arbre* (p. 71-136). PUF.

Musselman, L.J. (2003). Les arbres dans le Coran et la Bible. *Unasylva. Perceptions des forêts, 54*(213), 45-46.

Mussen, P. (1980). La formation de l'identité. In P. Tap (Ed.), *Identité individuelle et Personnalisation* (p. 12-21). Privat.

Navarro, A. (2003). *Le Dessin du bonhomme chez l'enfant*. Amiens. Documento de circunscrição.

Nguyên, K.-C. (1989). *La Personnalité et l'épreuve de dessins multiples, maison, arbre, deux personnes*. PUF.

Ozinga, C. (1969). *L'Activité créatrice et l'enfant*. Vander.

Perron-Borelli, M., & Perron, R. (1982). *L'Examen psychologique de l'enfant*. PUF.

Perry, J.C., Guelfi, J.-D., Despland, J.-N., & Hanin, B. (2004). *Échelles d'évaluation des mécanismes de défense*. Masson.

Pulver, M. (1953). *Le Symbolisme de l'écriture*. Stock.

Radjack, R., Hieron, R., Woestelandt, L., & Moro, M.R. (2015). L'accueil des mineurs isolés étrangers: un défi face à de multiples paradoxes. *Enfances & Psy, 67*(3), 54-64.

Rey, A. (1946). Épreuves de dessins témoins du développement mental. *Arch. de Psychologie, 31*, 121-124, 370-381.

Ribault, C. (1965). Le dessin de la maison chez l'enfant. Établissement d'une échelle de cotation discriminatoire pour chaque année d'âge. *Revue neuropsychiatrie inf. et hygiène mentale de l'enfant, 13/1*, 2-3, 100.

Roman, P. (2015). *Le Rorschach en clinique de l'enfant et de l'adolescent*. Dunod.

Royer, J. (1984). *La Personnalité de l'enfant à travers le dessin du bonhomme*. Editest.

Royer, J. (2001a). Dessin et abus sexuel. *Le Journal des professionnels de l'enfance*, 13, 60-63.

Royer, J. (2001b). *Le Dessin d'une maison: Image de l'adaptation sociale de l'enfant*. EAP.

Royer, J. (2001c). Les moteurs du dessin et son étude. *Le Journal des professionnels de l'enfance*, 13, 36-37.

Royer, J. (2011). *Dessin du bonhomme: la personnalité de l'enfant dans tous ses états*. Revigny-sur-Ornain: Les Éditions du Journal des Psychologues.

Soulé, M. (1988). La maison et le corps. In D. Anzieu, A. Doumic-Girard, M.-C. Druenne-Ferry et al., *L'Enfant et sa maison* (p. 51-61). ESF.

Stern, A. (1966). *Une grammaire de l'art enfantin*. Delachaux & Niestlé.

Stern, A. (1973). *L'Expression ou l'Homo vulcanus*. Delachaux & Niestlé.

Sternis, C. (2001). Interpréter les dessins d'enfant. *Le Journal des professionnels de l'enfance*, 13, 51-52.

Stora, R. (1975). *Le Test du dessin d'arbre*. PUF.

Stora, R. et al. (1978). *Le Test de l'arbre*. PUF.

Tourrette, C., & Guidetti, M. (1995). *Introduction à la psychologie du développement: Du bébé à l'adolescent*. Armand Colin.

Verliet, M., Lammertyn, J., Broekaert, E., & Derluyn, I. (2014). Longitudinal followup of the mental health of unaccompanied refugee minors. *European Child & Adolescent Psychiatry*, 23(5), 337-346.

Vinay, A. (2011). Réflexions autour de l'utilisation du dessin dans l'examen psychologique. In C. Marcilhacy, *Le Dessin et l'écriture dans l'acte clinique* (p. 15-31). Elsevier Masson.

Vinay, A., Esparbès-Pistre, S., & Tap, P. (2004). Pour une articulation théorique: résilience/ attachement/ coping. In E. Palacio-Quintin, J.-M. Bouchard & B. Terrisse (Eds.), *Questions d'éducation familiale* (p. 103-208). Logiques.

Vinay, A., Mazur, V., & Chahrraoui, K. (2011). Vécu intergénérationnel du traumatisme dans les familles en exil. *Revue francophone du stress et du trauma*, 2(XI), 101-111.

Vinay, A., & Zaouche Gaudron, C. (2017). *Psychologie de la famille*. Dunod.

Wallon, H. (2002). *L'Évolution psychologique de l'enfant* (11. ed.). Armand Colin.

Wallon, P. (2012). *Le Dessin d'enfant* (5. ed.). PUF.

Wallon, P., Cambier, A., & Engelhart, D. (2008). *Le Dessin de l'enfant* (3. ed.). Paris: PUF.

Wallon, P., & Mesmin, C. (2002). *La Figure de Rey: Une approche de la complexité*. Érès.

Weismann-Arcache, C. (2001). Du gribouillage au dessin figurative. *Le Journal des professionnels de l'enfance*, 13, 39-41.

Widlöcher, D. (1998). *L'Interprétation des dessins d'enfants* (14. ed.). Mardaga.

Yahyaoui, A. (2010). *Exil et déracinement: Thérapie familiale des migrants*. Dunod.

Índice das noções

acolhimento familiar
  temporário 103
aliança terapêutica 140
árvore de sonho 118

câncer 52
carências afetivas precoces
  56, 72, 129
colagem terapêutica
  133-135
cor(es) 19, 25, 27, 32, 44,
  48, 58, 68, 69, 77, 80, 83,
  84, 86, 94, 107, 115, 117,
  126, 145
criança vítima 106-108

deficiência intelectual 124
déficit 53, 70, 78, 140
desenho
  da árvore 109, 113-116,
    120, 123-127, 129-130, 141
  da casa 62-66, 67-68,
    72-74, 79, 80-81, 84, 140
  da família 85, 86-87,
    89-94, 99-103, 104-108,
    140, 141
  da figura humana 37-43,
    45, 46, 48, 52, 56, 59, 84,
    86, 140
  livre 9, 11, 13, 14, 22,
    24, 32-37, 77, 90, 140
distúrbio(s)
  afetivo 72, 126
  do comportamento 41,
    68, 129
  alimentar 41, 68
  neuróticos 127

esquema corporal 41-43, 48,
  50, 56, 63
estádio do espelho 40

fase
  de aperfeiçoamento 24
  de ordenação 24
figura de Rey 49, 50, 51

O desenho no exame psicológico da criança e do adolescente

garatuja diferenciada 18

hábitat 62
homem girino 39

idade do modelo 40
imagem
   corporal 21, 40, 41, 56, 66, 72
   do corpo 41, 52
índice de Wittgenstein 123

linha
   de solo 71, 121, 124, 127

mandala(s) 131, 132, 133

neurose 58
   obsessiva 69

pré-casa(s) 63, 64, 65
processo de identificação 91, 92, 102, 103
psicose 58, 125, 127

rastro 11, 16, 27, 54, 57, 136, 142
realismo
   fortuito 18, 39
   visual 21, 39
representação conceptual 20

simbólica
   espacial 120
simbolismo
   do espaço 114
sonho lúcido dirigido 54

temperamento 25, 32
tendências paranoides 59
teste
   da árvore 116, 123, 128, 130
   da figura humana 42, 45, 48, 57
   do desenho da casa 75
trabalho criativo 135, 138
traço 7, 8, 9, 12, 16, 17, 18, 20, 21, 22, 23, 25, 27, 28, 29, 32, 33, 67, 72, 73, 80, 88, 93, 97, 101, 110, 113, 119, 121, 122, 124, 125, 126, 127, 128, 129
grafismo 55, cf. linha
vestígio 62, cf. rastro
traumatismo craniano 54, 55

Conecte-se conosco:

f facebook.com/editoravozes

◉ @editoravozes

𝕏 @editora_vozes

▶ youtube.com/editoravozes

◉ +55 24 2233-9033

www.vozes.com.br

Conheça nossas lojas:

www.livrariavozes.com.br

Belo Horizonte – Brasília – Campinas – Cuiabá – Curitiba
Fortaleza – Juiz de Fora – Petrópolis – Recife – São Paulo

    Vozes de Bolso

EDITORA VOZES LTDA.
Rua Frei Luís, 100 – Centro – Cep 25689-900 – Petrópolis, RJ
Tel.: (24) 2233-9000 – E-mail: vendas@vozes.com.br